KANGMEIYUANCHAO FENSHUILING

抗美援朝分水岭：

砥平里战记

DIPINGLI ZHANJI

邵志勇◎著

人民出版社

目 录

目 录 CONTENTS

1

序 为了更深刻的记忆

刘 庆

对关注国家安全的中国人来说，抗美援朝战争永远是一道绕不过去的坎儿。

尽管有无数人知道五次战役、金城反击，还有较少的人知道第180师、战俘，然而极少人知道砥平里之战，知道它曾被美、韩、日称为朝鲜战争的"第二个转折点"和"第二仁川"。

这当然不是因为我们善于遗忘，而是因为它是中国人民志愿军入朝作战后遭受的第一次严重失利。这当然也不是因为我们愿意遗忘，而是因为战斗失利既是一种遗憾和惨痛，也是一种收获和清醒，它能在某种程度上促进一支军队特别是其指挥员加速成熟。

我们之所以不知道砥平里之战，或许更多的是因为我们一度小看了它的意义。但今天，我们之所以重新提及砥平里这个地方，提及这次战斗，或许更多的如媒体所说，是因为这个

1

"小地方很可能承载了志愿军最多的鲜血"。

战争难免有牺牲，但战争应尽可能减少无谓牺牲。为了减少无谓牺牲，需要反复翻检历史并努力提取关键。就像 1949 年 10 月金门战斗失利一样，砥平里战斗的失利涉及情报、指挥、火力、协同、对敌认识等方方面面，其战略意义远大于战术意义，其精神意义远大于物质意义，无论何时都可以从中汲取大量教训。因此，它是一本翻不完的书，问题不过在于你怎么读和怎么看。

"不容青史尽成灰"。没有战斗可以磨灭，没有鲜血应该白流。为了更深刻的记忆，我们需要重新走进 1951 年 2 月，深入砥平里战斗最前线，倾听两大阵营心跳的声音。

这或许是我们对先烈最好的祭奠，这也或许是我们关于国家安全最基础的学习。

这注定是一个风起云涌的时代，一个英雄辈出的时代，一个正义与丑恶相较量的时代。这个时代虽已经远去，但是，我们仍然生活在先辈创造的光辉业绩、书写的不朽传说、奠基的英雄主义气概之中。

一个民族的骨头不硬不行。骨头不硬，就受列强欺辱；骨头不硬，在国际上就没有地位；骨头不硬，就难以振兴中华！抗美援朝战争打造出了我们民族的硬骨头！

——袁升平（曾任中国人民志愿军第 40 军政委）

砥平里战斗，是美军同中共军作战中在战术上取得的第一个成功战例，鼓舞了全军的信心和希望，解除了美决策当局对战局发展所抱的顾虑。这次胜利的意义可与英国第 8 军在阿拉曼得到的胜利相比拟，也可以说是"第二仁川"。①

---

① ［韩］金阳明：《韩国战争史》，军事科学院外国军事研究部 1980 年出版，第 307—308 页。

1989 年 5 月 12 日，新华社记者黎能清从朝鲜开城发回如下报道：1989 年年初，一位美国历史学家为了收集朝鲜战争史料，到南朝鲜进行实地考察。他在京畿道杨平郡砥平里，访问了一位当年曾目睹中国人民志愿军与美军激战的老人。据这位老人介绍，当时的战斗打得非常激烈。由于美军拥有优良的装备，参战的志愿军全部牺牲。志愿军烈士的遗体就是这位老人掩埋的。根据这位老人提供的线索，在北纬 37 度附近两处地方挖出 19 具志愿军烈士遗骨。同时发现的，还有志愿军烈士的军装服饰、未发射的子弹、军用水壶、牙刷、胶鞋等上百件遗物。

美军方面将部分遗骨和遗物送交夏威夷美国中央鉴定化验所鉴定后，确认是中国人民志愿军烈士的遗骨和遗物。

根据 1954 年 8 月 17 日朝鲜军事停战委员会第 47 次会议通过的《双方军事人员遗体交接行政细节》协定，"联合国军"方面决定将这些遗骨、遗物移交给朝鲜和中国方面。

1989 年 5 月 12 日上午 11 时，朝鲜军事停战委员会举行了第 495 次秘书长会议，专门讨论遗骨交接事宜。双方同意交接仪式于 11 点 25 分举行。19 具遗骨被分装在两副黑漆棺材里。1 号棺材里装着第一处地方挖出的 14 具遗骨，2 号棺材里装着第二处地方挖出的 5 具遗骨。这些遗骨全部用小塑料袋装着，整齐地排放在棺材里，并附有挖出的时间、地点、数量和鉴定结果。交接仪式开始后，严肃的气氛中，在两名军官引导下，数十名"联合国军"士兵组成了警戒线。16 名"联合国军"军人分别将两副装有遗骨的棺材，抬至军事分界线南方一侧。

朝鲜军事停战委员会朝中方面秘书长金连基大校和朝鲜军事停战委员会朝中方面中国人民志愿军联络处副处长张金保上校，来到南方一侧确认遗骨后，退回军事分界线北方一侧。"联合国军"方面将遗骨送到军事分界线中心线。朝中方面在棺材上盖上红绸布，由 16 名中国人民志愿军代表和朝鲜人民军代表分别将两副棺材抬上卡车，护送到开城东面松岳山的中国人民志愿军烈士陵园安葬。

尘封 38 个岁月的砥平里，又唤醒了留在历史深处的记忆！

第1章

力争先机：
大棋局中的砥平里

胜利的信念是打出来的，是斗争中间得出来的。比如，美国人是可以打的，这是一条经验。这条经验，只有打才能取得。美国人是可以打的，而且是可以打败的。要打破那种美国人不可打、不可以打败的神话。①

——毛泽东

---

① 《毛泽东文集》第8卷，人民出版社1999年版，第426页。

1951 年 1 月 27 日　晴

从 1951 年 1 月 15 日至 1 月 26 日，"联合国军"的重点进攻方向位于朝鲜战场西线，东线处于相对平静的状态。

1 月 27 日，中国人民志愿军司令部命令：敌似有相机夺取我汉江南岸桥头阵地，以缓和敌内部矛盾及破坏我之整训，迟缓我发起攻击企图。我为确保汉江南岸桥头阵地，以利我春季大攻势南进歼敌及粉碎敌之阴谋，必须集中足够兵力，对进犯之敌予以重创。各军立即进行作战准备。①

在接到命令后，志愿军第 42 军停止休整，开赴龙头里地区。军作战会议是在加平附近一个铁路隧洞中进行的。军长吴瑞林令第 125 师至龙头里以南地区展开阻击，以掩护军主力向龙头里开进。

砥平里地区开始爆发零星战斗，双方互有得失，处于试探摸底的状况。

抗美援朝战争第三次战役结束后，在志愿军高层考虑下一步作战行动时，砥平里原本不是必争之地。

解放全朝鲜

1951 年 1 月 8 日，第三次战役胜利结束。志愿军突破"联合国军"在三八线的防御，将战线南推 80—110 公里，收复汉城（今首尔）。

昔日战火纷飞的战场变得安静下来。

短暂的战争间隙仅是下一场战争的开始，而不意味着战争的结束。

北京、华盛顿都在紧张地权衡谋划。

---

① 中国军事博物馆：《抗美援朝战争纪事》，解放军出版社 2008 年版，第 80 页。

作为中共中央喉舌的《人民日报》接连转发新华社通讯，报道美军在朝鲜战场上失败后美国国内政坛的情况。

这是一种眼光，这是一种判断。

1951 年 1 月 8 日，《人民日报》第 4 版刊载新华社 1 月 6 日讯：

去年十二月二十九日，美国共和党首脑之一杜勒斯以美国国务卿高级顾问的身份在纽约发表外交政策演说，驳复共和党另一首脑胡佛的意见，力图为已经遭受可耻失败的杜鲁门政府现行侵略政策辩护。杜勒斯在其演说中认定胡佛提出的所谓"退出大陆"的侵略政策是同样毫无前途，他责难说："这种理论是有缺点的。"他认为这种以"退出"来威胁不卖力的所谓"盟国"的办法，只能使帝国主义阵营更加分崩离析，从而使美国陷于更加孤立和崩溃的地位。杜勒斯辩称："倘使一个国家在最危难的关头，将那些身受最大危险，因为庄严的条约、共同的传统以及战时平时的友谊而命运与共的盟国撇开不顾，那末，它以后就没有什么资格来为它自己选择什么国家了。""拟定这样一个防御计划的心境，其本身就包含着自己崩溃的种子"。可是，杜勒斯又不能不承认杜鲁门政府现行的全盘侵略政策已经一败涂地和孕育着严重危机。杜勒斯不得已地说："我决不说我们国家在这种种方面所做的事情都是做得十全十美的"。在谈到美帝国主义在朝鲜的侵略冒险时，杜勒斯无法掩饰：侵略军已经"遭受了严重的挫折"……

1951 年 1 月 10 日，《人民日报》第 4 版刊载新华社 1 月 9 日讯：

在侵朝美军连战连败的情形下，英统治集团不满美国支配，纷纷要求奉行"独立路线"。

在美国侵略军于朝鲜连战连败的情形下，英国统治集团内部关于要求摆脱美国冒险政策的支配而采取"独立路线"的言论日益增多。工党的《新政治家与民族》周刊于去年十二月二十九日发表的社论中，在提高到公开抗议"驯服地接受"美国军事计划的第一阵浪潮已迫使艾德礼①访问了华盛顿后警告说："如果杜鲁门及其同僚现在以为英国的抗议运动不会再往前发展一步，那便会是一件大憾事"，因为事实上"抗议的巨流仍在潜行滋长"。

该刊接着宣称："我们眼前所需要的，是英国就其解决世界问题的意见发表一项独立声明"。自由党的《曼彻斯特卫报》在关于新年展望的社论中要求："总而言之，让我们在外交方面与在联合国内奉行英国的政策吧。有些事情，如共产党中国参加联合国、台湾的处理办法、西德的重新武装等问题，我们认为：我们的判断比美国大多数的舆论判断为好。"甚至保守的《经济学家》周刊在不久前发表的社论中，也谈到胡佛②演说在美国引起的巨大反响，是由于"美国人民看到事实，证明派遣陆军到优势部队可以切断它的后路的地方去，是没有任何用处的"。因此该刊对英国是否应参加北大西洋侵略军的问题表示恐惧称："英国人民也很可以问问自己这个问题，就是：除非到真正有了庞大的欧洲后备部队，增派军队到德国的政策是否正在冒同样的危险。"

急转直下的朝鲜战场局势，已经使美国总统杜鲁门处于进退两难的境地。时任"联合国军"总司令的麦克阿瑟，后来在回忆录中描写了杜鲁门当时的处境："我还怀着日益焦急不安的心情注意到他在对朝鲜局势的处理上愈来愈显得优柔寡断。当初他决定要解放并统一朝鲜时态度表现得那么强而有力，而后来逐渐地软弱下来，变得犹豫不决，神经过敏，表现出他处于慌乱和迷惑的状态之中。"③

喜欢登高望远，擅长在风云变幻的广阔天地里筹谋战争的毛泽东，于战

---

① 艾德礼，即克莱门特·理查德·艾德礼，当时任英国首相。
② 胡佛，即赫伯特·克拉克·胡佛，1929—1933 年任美国总统。
③ 《麦克阿瑟回忆录》，上海译文出版社 1984 年版，第 304 页。

争的政治和心理层面都有着深刻的洞察力，对美国国内政坛上发生的这些变化洞若观火。

谋一域者必先谋全局。朝鲜战场上逐渐逆转的形势越来越牵动着东西方对抗的全局，战争胜负产生的影响完全超越了朝鲜半岛。

时任中共中央办公厅主任的杨尚昆，在日记中记下了这场战争带来的深远影响："自我志愿军入朝，取得了两个战役的胜利以来，我国的地位提高了，说话响亮了，民主阵营的声势也增加了。另一方面，帝国主义阵营则日呈分崩离析之势。无论在美国内部、美英之间、英国内部、英法之间、其他国家与美英之间，其矛盾都增加了，裂痕扩大了。美帝是愈发被孤立起来了。"①

在美国政治领袖们为朝鲜战场上的失败喋喋不休地争吵时，美军高层对形势的判断更为惨淡。

时任美军参谋长联席会议主席的布雷德利说："从1950年11月到12月这60天，是我职业军人生涯经受最严峻的考验的时刻，其严峻超过了'突出部'战役②时期。朝鲜战争出乎预料地一下子从胜利变成了丢脸的失败——我军历史上最可耻的一次失败。麦克阿瑟对作战和他的感情都失去了控制，以致华盛顿完全丧失了对他的信任。通过这场灾难，我们看到随时都可能爆发同俄国人的一场世界大战，自由世界正处于一场大灾难的边缘。"③

早在第三次战役开始前的1950年12月29日，美军参谋长联席会议就在与美国国务卿艾奇逊、助理国务卿腊斯克、国防部部长马歇尔等人密切磋商后，给麦克阿瑟发出指示：本电文是本部在十分保密的情况下拟定的，建议

---

① 《杨尚昆日记》（上），中央文献出版社2001年版，第68页。
② 突出部战役：1944年12月16日—17日，纳粹德军集中8个装甲师、13个步兵师向阿登地区的美军第1集团军5个师发起进攻。因德军进攻战线呈"突出"形状，被称为"突出部"战役。
③ ［美］克莱·布莱尔：《将军百战归——布雷德利自传》，军事译文出版社1985年版，第754页。

电文内容目前仅限你和你的参谋长以及李奇微①将军和他的参谋长参阅。电文如下：

现有的一切估计表明，中共如打算采取行动，是有能力将联合国军赶出朝鲜的。可能阻止敌人发挥这种能力的方式之一是使敌人在行动中付出高昂的代价，迫使他们放弃这一行动；方式之二是向该战区投入大量美军，而这样将危及我们在其他方面担负的义务，其中包括对日本安全承担的义务。要联合国其他成员国为朝鲜提供大批援军也是不现实的。我们认为朝鲜并不是打大仗的地方。而且，我们认为，在全面战争的威胁不断增长的情况下，我们不应将现有的剩余地面部队派往朝鲜同中共作战。但是，如果不会招致严重损失的话，在朝鲜某个地区，我们能成功地抵抗中国——北朝鲜的进攻，打击中共的军事和政治威信，这对我们的国家利益将具有重大意义。

你的基本任务是为大韩民国提供必要的援助，击退武装进攻，恢复这一地区的国际和平与安全。但鉴于目前的形势，有必要对你的任务加以调整。

你目前的任务是，在主要考虑部队安全的情况下，按照 CX50635 号命令大体指出的那样，构筑梯次阵地进行防御，尽量杀伤在朝鲜的敌军。你应继续尽量动员朝鲜最大的力量进行持久抵抗，既包括常规，也包括非常规的作战方式。

事态的发展也许将迫使我们撤出朝鲜。特别是在日本面临的威胁不断加大的情况下，对于我们来说十分重要的是，要提前确定我们最终进行井然有序撤军的适当时机。在我们看来，倘若你被迫退到锦江附近和河东一线的阵地，中共集结大批部队对你的阵地发起进攻，而且显然是有将我们赶出朝鲜的能力，我们就将指示你开始向日本撤退。

――――――――――

① 李奇微，即马修·邦克·李奇微，当时任美军第 8 集团军司令。

要求你对上述情况提出你的看法。这些情况将决定是否撤军，特别是考虑到你的主要任务仍然是保卫日本，而且只有第8集团军的部队能用于执行这项任务。

接到你的意见后，我们将明确指示你在何种情况下开始撤军。①

在第三次战役结束后的 1951 年 1 月 12 日，美军参谋长联席会议给麦克阿瑟下达指示：

根据我们所了解的一切情况，特别是你在最近电报中提到的那些情况，我们被迫得出这样的结论：在目前条件下，包括在共产党中国持续发动大规模进攻的情况下，我们要在朝鲜持久坚守住阵地是不现实的。

但是，在你下达从朝鲜开始撤军的正式命令之前，为了我国的利益，也为了联合国的利益，我们有必要再争取一些时间，以便同参加朝鲜战争的联合国成员国在外交和军事上进行磋商。

除非出于军事方面的考虑，确实迫不得已，否则我们不应该放弃朝鲜，我们应该实实在在地最大限度地打击共产主义侵略者。这对于美国在世界上的威信，对于联合国和北约组织的前途，以及对努力在亚洲组织的反共抵抗运动，同样都是十分重要的。②

放弃朝鲜已成为美军最后的底线，这无异于美军承认已经在朝鲜战争中失败。但在放弃前出于政治上的考虑与安抚友邦的需要，美军还不得不在朝鲜消磨掉一段"垃圾"时间。

当失败主义的阴云笼罩美军高层时，处于战场前线的美军士气低沉。

李奇微后来在回忆录中说："我也发觉，部队在思想上、精神上可以说根

---

① ［美］克莱·布莱尔：《将军百战归——布雷德利自传》，军事译文出版社 1985 年版，第 801—803 页。

② ［美］克莱·布莱尔：《将军百战归——布雷德利自传》，军事译文出版社 1985 年版，第 809 页。

本没有做好准备，无法实施我一直计划采取的那种进攻行动……部队过于瞻前顾后，这里看不到一支信心十足、决心取胜的军队所表现出来的那种特有的热情、活力和朝气……我沿途遇到了一些士兵，与他们进行了交谈，听取了他们的不满意见。从他们的身上我也深深感到，这是一支张皇失措的军队，对自己、对领导都丧失了信心，不清楚自己究竟在干什么，老是盼望着能早日乘船回国……我视察过的每一个指挥所都给我以同样的感觉，即丧失了信心和斗志。军士以上的指挥人员好像都很冷淡，不愿回答我的问题，即使想从他们口中听到一些牢骚意见也不容易。他们闷闷不乐地提供着情况，在他们身上看不到情绪高昂的部队所具有的那股机敏。"[1]

毛泽东极其敏锐地感受到了华盛顿的"难处"。

在美国方面对朝鲜形势日渐悲观的同时，中国方面对朝鲜战场的未来显然要更为乐观，不仅要将战线推至三八线，而且要解决朝鲜问题。

前三次战役的胜利，使毛泽东对抗美援朝战争特点的认识发生了变化，对战场形势的判断及前景预测充满乐观，在作战构想上更富有进攻性。

1951年1月19日，毛泽东在审阅彭德怀在中朝两军高级干部联席会议上的报告时，加上了一段话："下一战役，敌我双方的主客观条件都有了变化，因此我军必须按照新的情况进行各项准备，采取新的战术，以求解放全朝鲜。这是有决定性的一战，必须准备得好，打得好。"[2]

"解放全朝鲜"，这是一个立足全局作出的战略性判断。显然，毛泽东认为在朝鲜战场上两种力量最后决战的时刻已经出现，到了彻底解决朝鲜问题的时候。

正因如此，当彭德怀在考虑是否实施有节制的后撤，获取必要的机动防御

---

① ［美］马修·邦克·李奇微：《朝鲜战争》，军事科学出版社1983年版，第101—102页。

② 军事科学院军事历史研究部：《抗美援朝战争史》第2卷，军事科学出版社2000年版，第195页。

空间，争取休整补充，择机再战时，毛泽东仍然作出了继续挥师南进的决策。

寻找进攻与防守的平衡点——谈判还是后撤？

战争的脚步不可能停止在三七线。

虽然美军高层对朝鲜战场的前景感到暗淡，已经从战略层面上做了必要时撤离朝鲜半岛的准备，但是李奇微认为美军在战场上仍有"翻盘"的机会。源自第二次世界大战的作战经验与对朝鲜战场的侦察，是李奇微作出这一判断的依据。在第二次世界大战中，成功实施诺曼底登陆后的盟军往往不是被纳粹德军的防御所阻挡，而是因为后勤供给达到极限而被迫停顿下来。对此，李奇微有着非常深刻的体验。后勤是任何一支军队的神经，后勤与作战能力间的关系非常密切。以后勤补给上的困难为切入点来审视战场力量的强弱对比，对李奇微来说并不需要过多的想象与创造力，而只需要理性与经验。因此，李奇微认为志愿军在越过三八线后，运输线延长，补给只会更加困难，作战能力只可能处于下降趋势。此外，慎重的侦察与试探性进攻，也促使李奇微坚定地认为美军可以在朝鲜战场坚持下去。1951 年 1 月 17 日，杜鲁门派来的特使柯林斯将李奇微的判断向华盛顿作了报告，使白宫和五角大楼自1950 年 11 月以来，第一次有了如释重负之感。布雷德利后来说："那天，当消息在上层的圈子中传开时，你几乎可以听见人们如释重负般的叹息声"。华盛顿当局把柯林斯来的这个报告看作是"标志着……对朝鲜战争看法的转折点"。① 从 1 月 25 日开始，李奇微部集中 16 个师又 3 个旅和 1 个空降团在全部炮兵、坦克部队及航空兵支援下，发动了全线反扑。

---

① ［美］克莱·布莱尔：《将军百战归——布雷德利自传》，军事译文出版社 1985 年版，第 812、813 页。

对美军的突然反扑，志愿军多少有些意外。

正所谓"战胜不复"，天底下没有相同的战局。战争就是参战双方互相制造"意外"。

时任志愿军政治部主任的杜平，在晚年的回忆录中十分清晰地谈到了当时的战场态势："前三次战役我军处于主动地位，这次比较被动。首先从我们总部来说，认为敌人经我第三次战役的打击，不会很快发动大的进攻，我可乘机休整两个月。现在，敌在我第三次战役结束后才两周，就发动全线进攻，出乎我们的意料。只好立即命令部队停止休整，转入作战准备。这反映了我们对敌人拥有现代化运输手段，可以迅速进行整补；拥有高度机械化装备，可迅速由进攻转入退却，又可迅速由退却转入进攻的有利条件，缺乏足够的估计。"①

胜利者的思维更容易产生遮蔽，在判断上会不自觉地省略掉一些关键信息。正如时任志愿军第39军军长吴信泉所说："从敌情上看，东线的敌人正在从海上撤退，与西线的敌人靠拢，这说明敌人进行新的进攻已迫在眉睫，为什么还要在这紧要关头，从前线调大批团长、师长及军长回国参加联合兵种训练班呢？难道志司事先对敌情的变化一无所知?"②

尽管自志愿军参战以来，国际上始终存在呼吁双方进行和谈的声音，但是双方在战场上截然不同的表现，决定了战争的钟摆还需要继续往前走。

至少，谈判桌上彼此开出的筹码，与各自的利益底线相差太大。

列宁有句名言："这是常有的事情，你打痛了敌人，他就来讲和。"③ 在谈判的较量中，主动找上门来的谈判往往是廉价的。

对于连续取得战役胜利的毛泽东来说，接受美国方面所谓先停战后"和

---

① 杜平：《在志愿军总部》，解放军出版社1989年版，第144页。

② 吴信泉：《朝鲜战场1000天：三十九军在朝鲜》，辽宁人民出版社1996年版，第339页。

③ 《列宁全集》第37卷，人民出版社1986年版，第307页。

谈"的诱饵，无疑等同于过早放弃战场上取得的优势，给美军以喘息反扑的时机。

事实上，中国方面早就明确地提出过停战条件。1950 年 12 月 3 日，周恩来在致正出席联合国大会的伍修权①、乔冠华②的电报中，已经对此给予了说明：

美军在朝鲜东西两线均惨败，现在美国"想骗取停战，好稳住阵线，调整兵力，以便再行进攻"……"凡遇以朝鲜停战为言者，你们都不要拒绝谈判，你们应答以只要美军从朝鲜撤退，朝战自停，并且愿将他们的意见向北京作报告；凡言台湾问题目前不能解决者，你们应抓住这点证明美帝侵朝侵台是一回事，并反问美帝可以在侵朝同时侵台，为什么中国人民在反对美国侵台同时不能志愿援朝"。③

12 月 27 日，周恩来在接见印度驻华大使潘尼迦时，再次对和谈的条件给予说明：

中国政府在为争取和平的努力中，曾多次发表过声明。今后有适当的时机，会继续发表意见。我们主张朝鲜问题的和平解决。但是，美国在侵略朝鲜的同时侵略台湾，这就破坏了和平。美军越过三八线，就更破坏了和平。等到美军逼近鸭绿江，再加上美机轰炸我国人民，美舰炮轰我国商船，这就更破坏了和平。我们要争取和平，就必须去掉这些对和平的威胁。有了中国人民的志愿行动，才使美国政府目前想停战休息，准备再进。事实上，如果没有中国人民这一志愿行动的话，则第二步早已侵略到中国大陆上来了。现在美国政府想停，就该真正停下来，结束

---

① 伍修权，当时任外交部苏欧司司长、中国代表团大使衔特派代表。
② 乔冠华，当时任外交部外交政策委员会副主任、中国代表团顾问。
③ 中共中央文献研究室编：《周恩来年谱（1949—1976）》上卷，中央文献出版社 1997 年版，第 102 页。

朝鲜战争。我们反对先停战后谈判，因为美国想在停战后无休止地谈下去。根据我们的经验，与美国这样好战的政府争取和平是需要经过一些曲折的，但我们有信心，我们是能够达到目的的。

如果接受中国方面的条件，美国方面无异于向世界宣告在朝鲜战场上的失败。

作为志愿军最高指挥员的彭德怀，在是否与美军进行谈判问题上提出了相当有谋略性的看法。在第三次战役结束后不久，他就于1951年1月15日致电周恩来，认为："如果停战限期至3月底止，不会妨碍朝鲜作战，反而有益，可减少敌机活动，便于进行各项准备。"①

在当时的情况下，彭德怀限期停战的建议无疑是符合战场实情的应对之策，既可以使志愿军得到比较宝贵的休整时间，也可以在一定程度上束缚对手的行动。

第三次战役结束后的志愿军实际上已经是"强弩之末"，进攻、防守都十分艰难。早在1月10日，彭德怀就朝鲜最高领导人金日成提议缩短部队休整时间、主张继续南进问题致电毛泽东：由于部队伤亡很大，现兵员不足，供应极差，体力削弱，难以继续作战，必需休整补充。②

显然，彭德怀对志愿军面临的艰难处境，有着更为深切的体会和认识，因此在向中共中央提出作战方案时，往往采取更为稳妥、慎重的态度。

1月27日，由于美军接连在西线发起攻击，彭德怀又致电毛泽东，再次提出限期停战与有限后撤的建议：

美军约三个团（后续部队不详），分三路越金良场里、水原线北数里，有相机攻占汉城市、（汉）江北岸桥头阵地模样，企图以此稳定联合国内部目前严重混乱现象。为增加帝国主义阵营矛盾，可否以中朝两军

①　王焰主编：《彭德怀年谱》，人民出版社1998年版，第467页。
②　王焰主编：《彭德怀年谱》，人民出版社1998年版，第465—466页。

拥护限期停战，人民军与志愿军从乌山、太平里、丹邱里（原州南）线北撤十五至三十公里消息，如同意，请由北京播出……敌继续北犯，我不全力出击，消灭一个师以上，保持桥头阵地甚为困难；出击将破坏整训计划，推迟春季攻势，且目前弹、粮全无补充，最快亦须下月初旬才能勉强出动。我暂时放弃仁川及桥头阵地，在国内外政治情况是否许可。现拟（志愿军第 42 军）一二五师向长湖院里、原州间出击，（志愿军第 38 军）一一二师向利川西南地区出击，求得各消灭伪军一部，试行能否牵制敌人北进。如不可能停止敌人北进，政治上又不许可放弃汉城、仁川，即须被迫部署反击，但从各方面考虑，甚为勉强。以何者为是，盼示复。①

彭德怀认为最佳方案是实施有节制的后撤，获取必要的机动防御空间，争取休整补充，寻找择机再战的机遇。即使要实施反击，也只是在战线东侧的原州、西侧的利川方向实施小规模牵制性作战。

作为最高统帅的毛泽东，并没有将眼光局限于朝鲜战场上一时之攻守得失。经历过太多世事沧桑、精通以弱胜强的毛泽东，有着更为长远的考虑：要将美军的主动进攻作为一次决定性战役的起点。

烽烟四起的朝鲜战场，在毛泽东的战略棋盘上仅是局部一隅。虽然志愿军面临"兵疲粮乏"的不利条件，但是在毛泽东看来，经历过连续失败后的美军心理更为脆弱，已经难以长久支撑，正在"出局"的边缘徘徊。

"宜将剩勇追穷寇，不可沽名学霸王。"

在朝鲜战场上任何给美军以重击的胜利，都将变作压倒"联合国军"的最后一根稻草。毛泽东不想放弃继续给对手致命打击的机会。毛泽东最担心的就是对手退却过快，丧失与对手的接触。因此，对美军的主动攻击，毛泽东判断虽然是一次严峻的挑战，但更是一次难得的"机遇"。

---

① 军事科学院军事历史研究院：《抗美援朝战争史》第 2 卷，军事科学出版社 2000 年版，第 224 页。

战场上的进退攻守、得失权衡，最能体现统帅的气魄。

毛泽东的军事生涯是从"敌强我弱"、"被围追堵截"中起步的，历来将强敌视之等闲。小胜即足、偏安一方绝不是毛泽东的追求。在毛泽东的军事理论中，绝对防御是不存在的，进攻永远都是战争的真谛。

两支风格迥异的军队

战争是军事实力的比拼，更是军事艺术的较量、精神意志的对决。在朝鲜战场，双方军队装备上的悬殊差距，使得对胜负的疑问更容易超越物质层面，对他们进行深层次的观察。

风格、个性常常为有形的武器装备所掩盖，却是一支军队真正生命力之所在，也是一支军队成熟的标志。

朝鲜战场上，志愿军与美军之间不仅是流血的冲突，更是风格的较量。西方兵学大师克劳塞维茨，描绘过理想中的军队所应具有的风格："一支满身创伤、久经锻炼的部队所发扬光大的和经过锻炼的团体精神，是那种单纯靠条令和操典黏合在一起的常备军的自负和虚荣心所不能比拟的。良好的秩序、技能、意志以及一定的自豪感和饱满的情绪是和平时期训练出来的军队的特色，这些都应该珍视，但是它们并不能单独发挥作用。这样的军队即使有世界上最饱满的情绪，一遭到挫折，也很容易变得胆怯，甚至变得极端恐惧。"①

在精神、勇敢、对困难的忍受上，美军与志愿军相比要欠缺不少。美军在技能、协同，包括战术动作方面都体现出训练有素的一面，但同时暴露出经验不足，难以迅速适应战场的要求。正如克劳塞维茨对"训练型"军队所

---

① ［德］克劳塞维茨：《战争论》（第一卷），解放军出版社 2005 年版，第 185 页。

作的判断：这样的军队只有依靠统帅才能有所作为，单靠它自己将一事无成。这样的军队，当它没有在胜利和劳累中经过锻炼，逐渐适应艰苦的战斗以前，统率它就必须加倍谨慎。克劳塞维茨理想中的最佳军队，就是志愿军这样一支充满血性、从战争中锻造而成的部队。

在战场上战胜美军难，要赢得美军尊重更难。

志愿军高于美军的战斗效能，不是建立在现代化武器装备，以及充足的后勤补给基础上；恰恰相反，是在武器装备落后与后勤补给极端简陋的条件下，靠最大限度地挖掘精神、生命肌体的潜力而取得的。

志愿军就是一个在美军心中凿下深刻印痕、赢得尊重的难得对手。李奇微曾这样评价志愿军的风格："无数狭窄的山谷、令人头痛的羊肠小道以及刀刃一样的山岭，能使害怕进入无路可行的山地的高度机械化军队寸步难行。中国军队没有装甲车辆，只有少量的炮兵，他们不为复杂的通信手段所累，装备轻便，只携带手中的轻武器。他们习惯于各种极端恶劣的天气，习惯于忍饥挨饿。他们有高度的纪律性，经受过严格的训练"。①

在朝鲜战场，志愿军与美军之间爆发的遭遇战，使这两支军队的风格展现得淋漓尽致。赢得遭遇战，要比赢得预有准备的战争更为艰难。打赢遭遇战的困难在于准备时间有限，过去的经验往往难以应对于新的局面，从将军到士兵的军人底蕴、职责素养、作战技能等能够最充分地得以展现。遭遇战尤其需要指挥员能高质量地作出正确决策，使军队尽可能快地适应从未经历过的陌生战争环境。这也就能更充分地辨别出指挥者军事艺术的高下，一支军队的"本色"也会体现得更为鲜明。

指挥是战场的灵魂，也是对军队风格的重要观察点。正确判断全局战略形势，及时确定正确的战略方向，高质量、高效率实施战略决策的"军队大

① ［美］马修·邦克·李奇微：《朝鲜战争》，军事科学出版社1983年版，第10页。

脑"，以及具有独立判断力、作战指挥水平高的战场指挥员，是赢得战争胜利的关键。

志愿军方面，抗美援朝的战略指挥体制，仍然延续了解放战争时期的模式。重大战略决策在充分征求并尊重战区指挥员意见基础上，由中央军委作出。在这种方式中，战区指挥员的战场现实感、作战方案构思、战局控制能力、作战指挥才能与中央军委对全局形势的掌控比较好地衔接。尤其是在前三次战役中，志愿军高层指挥员对形势的判断、对作战时机的把握明显要强于美军，体现出高于对手的战争适应性。

美军采用任务指挥式方式，将指挥权委托给战场最高指挥员麦克阿瑟，其指挥水平发挥得如何直接关系到美军战场胜负。在美军指挥体制下，战争变成了一架按照程序严密、稳定运转的机器，将领个人能发挥的空间实在有限。这种体制下，只要按照程序实施，任何将领的战场表现得分都在平均线以上。美军高级指挥员对战争问题的思考、认识、研究具有深厚的科学主义色彩，注重技术、统计、实证、计算。在充满科学主义眼光的美军高级指挥员看来，志愿军在每次战役中的持续时间、攻击强度、后勤保障状况都是可以加以量化认识，但是对志愿军所蕴藏的意志力又难以估量。

在朝鲜战场，美军历史上两大作战流派中的代表性将领麦克阿瑟、李奇微都与志愿军优秀将领交手，体现出将道上的差异。

麦克阿瑟在美军名将行列中绝对算得上是"异类"，对战争的思考、指挥都完全不是美国式的，充满了个人英雄主义的色彩。仁川登陆作为麦克阿瑟的代表作，确实足以奠定其一代名将的地位。但是，仁川登陆作战的对抗毕竟还没有达到针尖对麦芒的程度，作战双方技术兵器的差异以及作战保障能力、作战经验上的差距，不可能把美军将领、士兵最真实的作战能力体现出来，相反却掩盖了美军固有的缺点与不足。当志愿军参战后，麦克阿瑟在志愿军参战问题上的判断失误、对战场形势认识上的反复摇摆，过于情绪化的决策等，导致在与志愿军交手时表现得起伏不定。

李奇微算得上美军学院派将领的代表，第二次世界大战时先后任空降第82师师长、第18军军长，经历了盟军在欧洲战场上从西西里岛登陆到诺曼底登陆等所有重大战役。在志愿军面前，李奇微并没有过多创造性的成就。李奇微对志愿军作战特点的认识、进攻周期的发现，不足以说明其作为第一流指挥官的过人之处，只能体现出他作为高级参谋人员在战术分析方面具有的素质。当时志愿军在战术手段上的选择空间是极其有限的，没有空中作战能力，机动力有限，重火力缺乏，这就决定了志愿军能选择的战术方案并不多。

1951年5月14日，英国《泰晤士报》总结了朝鲜战争第二阶段的八点战术教训：

第一，徒步轻装步兵能够较携带重武器、乘坐重型汽车之步兵有更多的机会。"联合国军"在最近的作战中，已学会"不走大路，穿山越岭，打击敌人"的方法。

第二，作战中证明，用白刃战来对付中国人很有效果。

第三，朝鲜的地形虽然不利于使用战车，但战车仍然占有重要的地位。然而，战车必要的速度很难达到，因为各个作战单位在战斗中都被分割，有着很大的距离。

第四，需要准确的情报，包括中国军队的意图和战力。这种情报最重要的应是各作战单位直接得自战地与中国军队接触的场合，特别是有力的和不停的巡逻。

第五，在朝鲜地区，对付运输力和重装备缺乏的中国军队，即便握有完全的空中优势，"联合国军"的空军也不能阻止中国军队前进，只能帮助阻止中国军队前进。

第六，必须承认，"联合国军"战争的目的是不明确的和很特殊的。

第七，值得注意的是，中国方面很快地发现了"联合国军"战线的弱点，并以进攻的压力指向这些弱点。

第八，中国军队总是利用黑夜渗入"联合国军"防线，在黎明前发动进攻，这是不变的。"联合国军"在1951年新年以来使战线宽度缩小，处于战线正面前头的部队只占军队的一小部分。这种纵深配备把"联合国军"的防线形成一个瘦弱的外貌，已获得好处。小部队在完全被包围时仍能坚持作战，必要时由空中接济粮、弹，最后派军队去增援或解围。朝鲜战争在某些方面很像欧洲的机械化战争，有些方面又像缅甸的丛林战争，但它又有自身的特点。最重要的就是从经验中吸取其中最重要的，而又不放弃"联合国军"一般的作战原则。

《泰晤士报》总结的这些经验教训反映出，美军不仅在战略形势判断上存在明显错误，在战役层次指挥上也有失策之处，体现出这支军队整体"应变"能力不足。李奇微十分坦诚地暴露了美军难以适应朝鲜战场的状况："我十分清楚，我们的部队兵力过于单薄，无法横贯整个半岛建立一条稳固的战线。可是，我却不明白，这些部队为什么相互间不进行支援，如师与师之间，军与军之间。我们装备的榴弹炮射程达数英里之远，所以，在许多情况下，各部队都可以向友邻部队提供相当大的支援，尤其是翼侧部队之间完全可以连成一气，以便在必要情况下相互提供一定的炮火支援。"①

前三次战役中，面对志愿军灵活机动的战略战术，美国军队表现得无所适从。在美军士兵眼里，志愿军是一支不按常规"出牌"的军队。

时任志愿军副司令员的洪学智曾与美军战俘有过如下对话：

在第三次战役中，我们前面的部队俘虏了一批美国官兵，送到后面来了。（1951年）1月上旬，在君子里志司，我和其中5个连长通过翻译谈了一次话，至今印象很深。

---

① ［美］马修·邦克·李奇微：《朝鲜战争》，军事科学出版社1983年版，第104页。

谈话一开始，我问："你们谈谈，对志愿军有什么看法？"

有一个连长，把两个大拇指头伸出来说："你们是打仗专家！"

我笑了，问："为什么这样说呢？"

他说："打仗没你们这样打法的呀！第二次世界大战我也参加了，我们的打法是把火炮排好，火炮先轰，飞机轰炸完了，步兵就上去，可是你们打仗怎么跑到我们屁股后面来了呢？怎么从后面打呢？我们从来也没有打过这样的仗呀！"

……

还有一个连长说："（我们）打仗都是白天打，晚上休息呀！你们怎么晚上也打，闹得我们坐卧不安，防都不知道你们是从哪里出来的！"①

---

① 洪学智：《抗美援朝战争回忆》，解放军文艺出版社2000年版，第115页。

第 2 章

合围对手:
最高决策层的宏大构想

> 还有一个怕不怕美国的问题。如果你怕了,美国就客气,那么怕也好。如果怕了,美国就撤退,那怎么不好?问题是,你越怕它越欺负你,该怎么办?只好不怕,只好干。不是我们也不是你们请美国来,是美国自己硬要来。我看,你越不怕,它就越不敢任意欺负。①
>
> ——毛泽东

---

① 《建国以来毛泽东军事文稿》下卷,军事科学出版社、中央文献出版社 2010 年版,第 238 页。

1951 年 1 月 28 日　晴

　　早晨，美军骑兵第 1 师以 1 个团在 8 架飞机、30 余辆坦克和多门火炮掩护下，向扼守泰华山前沿草下里南山防御阵地的志愿军第 38 军第 112 师第 336 团第 5 连前沿阵地发起攻击。几乎同时，该师第 334 团第 6 连防守的鼎盖山阵地也遭到美军 1 个团的攻击。

　　美第 10 军开始在骊州以东至原州、武陵里一线向北推进。

　　志愿军第 42 军第 125 师师长王道全率部集结于龙头里以南，并命第 375 团团长赵立贤在茂村设伏。茂村是原州通往杨平公路上的一个村庄。

　　多谋寡断、谋而不决历来是统帅的大忌。毛泽东关于志愿军挥师南进的决策，坚定而果断。

　　19 时，毛泽东在给彭德怀的复电中，对 1 月 27 日彭德怀提出的相关方案进行了比较大的调整，明确地提出第四次战役的具体作战要求：

　　　　我军必须立即准备发起第四次战役，以歼灭两万至三万美李军，占领大田、安东之线以北区域为目标。

　　　　在战役准备期间，必须保持仁川及汉江南岸。为确保汉城并吸引敌人主力于水原、利川地区，战役发起时，中朝两军主力应取突破原州，直向荣州、安东发展的办法。

　　　　我军没有补兵，弹药也不足，确有很大困难，但集中主力向原州、荣州打下去，歼灭几部分美军及四五个南朝鲜师的力量还是有的，请你在此次高干会议上进行说明，此次指导应即作为动员进行第四次战役的会议。

　　　　执行第四次战役时，请你考虑将中朝两军主力分为两个梯队，各带五天干粮蔬菜，一梯队担任突破及一段追击，第二梯队担任又一段追击，以便能使战役持续十天至十二天，歼灭更多敌人。①

毛泽东在电报中所提出作战方案的基本意图是：

以志愿军第 38 军、第 50 军及朝鲜人民军第 1 军团在西线汉城方向固守变作"铁砧"，吸引、牵制美第 8 集团军主力。把战役重心置于东线，将志愿军第 39 军、第 40 军、第 42 军、第 66 军熔铸成"铁锤"，从原州方向突破，向纵深搜入至安东、大田，尔后重重地砸在西线美军侧后，相当于以西线汉城为轴心，整个主力作 180 度顺时针旋转。

这是一个极具胆略与攻击性，而又充满冒险与突然性的方案，符合毛泽东的性格特点。解放战争时中原逐鹿阶段刘邓大军挺进大别山的战略手笔、辽沈战役期间坚持先打锦州的大胆设想、平津战役时期封闭塘沽的决断，都体现出毛泽东特有的战略指导风格。他从不拘泥于现实当下一城一地的得失，而是力求在战略态势的变化中争得先机与主动。

一个时代有一个时代的战略家，一个时代有一个时代的精神气质。

在崛起的时代，冒险犯难、锋芒毕露、勇毅决绝、无所畏惧的精神横贯长空。时代转换中的战略篇章从来都是九曲回肠、跌宕起伏。衰弱麻痹的时代土壤中，难有鹤鸣九天的高亢之声。战略在透视未来中彰显时代精神的魄力。

战略是艺术，战略家宏大的构想与诗人的气质有相通之处。然而，战略的本质毕竟是杀戮与流血，是实力与实力的碰撞，需要有具体而可实施的作战方案支撑。

在战争威胁构成重大挑战的情势下，毛泽东从战略上权衡利弊，在多重目标中确定抗美援朝战争优先的战略。但是，不断变化着的战场形势对战略目标实现过程产生着深刻影响，随之战争手段和战争方式也在不时发生变化，这种变化体现了统帅在战略艺术上的成熟。

---

① 军事科学院军事历史研究部：《抗美援朝战争史》第 2 卷，军事科学出版社 2000 年版，第 225 页。

成功的经验往往比失败的经历有更为长久的时间、空间惯性。解放战争的硝烟刚刚在中国大地上散去。中国人民解放军四大野战军创下的经典歼灭性战役，成为加速推动新旧历史转换的强有力车轮。毛泽东作为这些战役的最高领导者，在面对现实难题的挑战时，毫不怀疑决定性战役所具有的战略作用。

对政治家来说，轻易后退等同于认输。守住第三次战役的胜利果实，无疑在纵横捭阖的战略棋局中占据了先机，获得了谈判桌上分量足够的筹码。

平常者所见皆平常，非常者胸中四海皆波涛。

作为唯物辩证法大师的毛泽东最懂得规则的含义。世间规则皆有两面性，既是遵循，又是局限。在毛泽东眼里，一切皆有可能，他不断地怀疑规则、挑战规则、创造规则。正因如此，在波澜壮阔的斗争生涯中，毛泽东很少有按常规出招的时候，总结非常规地用人、非常规地"出牌"、非常规地出击。

在解放战争时期的重大战略决策中，初期"向北发展，向南防御"经略东北的谋划、中期"千里挺进大别山"改变中原形势的战略、末期"渡江作战与南下追击"，都是中国共产党战争史上具有重要意义的战略举措，放在战略史的长河中来审视，堪称大手笔、大气魄。如果没有过人的胸怀、胆略、才识，是作不出的。

对战区指挥员充满想象力的选择，都足以放在战争历史长河中评判，其高下、质量都可以成为丰富后来者思想、智慧的重要源泉。

中共中央提出的第四次战役作战方案，是否具备实现的可能性？

有限力量与伟大目标间的冲突

追求宏大的作战目标，力图通过关键性战役击倒对手，成为毛泽东在抗美援朝战争初期重要的作战指导思想。如何对美军主力实施歼灭性打击，以及采用何种作战方式达成该目标，始终是毛泽东高度关注的问题。

在志愿军出国参战的筹划、酝酿阶段，毛泽东就将在战场上"歼灭美国军队"作为重要的问题提出来。1950 年 10 月 2 日，毛泽东起草了给斯大林的电报，但这个电报最终没有发出。电报中说："我们认为既然决定出动中国军队到朝鲜和美国人作战，第一，就要能解决问题，即要准备在朝鲜境内歼灭和驱逐美国及其他国家的侵略军；第二，既然中国军队在朝鲜境内和美国军队打起来（虽然我们用的是志愿军名义），就要准备美国宣布和中国进入战争状态，就要准备美国至少可能使用其空军轰炸中国许多大城市及工业基地，使用其海军攻击（中国）沿海地带……这两个问题中，首先的问题是中国的军队能否在朝鲜境内歼灭美国军队，有效地解决朝鲜问题。只要我军能在朝境内歼灭美国军队，主要地是歼灭其第八军（美国的一个有战斗力的老军），则第二个问题（美国和中国宣战）的严重性虽然依然存在，但是，那时的形势就变为于革命阵线和中国都是有利的了。这就是说，朝鲜问题既以战胜美军的结果而在事实上结束了（在形式上可能还未结束，美国可能在一个相当长的时期内不承认朝鲜的胜利），那末，即使美国已和中国公开作战，这个战争也就可能规模不会很大，时间不会很长了。我们认为最不利的情况是中国军队在朝鲜境内不能大量歼灭美国军队，两军相持成为僵局，而美国又已和中国公开进入战争状态，使中国现在已经开始的经济建设计划归于破坏，并引起民族资产阶级及其他一部分人民对我们不满（他们很怕战争）。"①

在第一次战役作战部署上，毛泽东将全歼当面美军作为初战的重要目标。1950 年 10 月 30 日，毛泽东致电彭德怀等人："我方对敌人数量、位置、战斗力和士气等项均已明了，我军已全部到齐展开，士气高涨，而敌人对我方情况则至今不明了（只模糊地知道我军有四万至六万人）。因此，你们以全部歼

---

① 《毛泽东文集》第 6 卷，人民出版社 1999 年版，第 97—98 页。

灭当面敌人伪一师、伪七师、英二十七旅、美二十四师及美骑一师一部及伪六师、伪八师残部为目标是完全正确的。"①

在第二次战役作战过程中，毛泽东仍将歼灭美军主力作为最主要的战场利益来追求。1950年11月28日，毛泽东致电彭德怀等人："目前任务是集中我四十二军、三十八军、四十军、三十九军歼灭美骑一师、第二师、第二十五师等三个师的主力。只要这三个师的主力歼灭了，整个局势就很有利了。"②

在对第三次战役的作战目标研究及战法手段商榷过程中，毛泽东虽然已经注意到全歼美军或部分歼灭美军主力的困难，但是，仍然认为存在给予美军主力以重创的可能性。1950年12月21日，毛泽东致电彭德怀等人："目前美英军集中于汉城地区，不利攻击，我应专找伪军打。就总的方面说，只要能歼灭伪军全部或大部，美军即陷于孤立，不可能长期留在朝鲜。如能再歼灭美军几个师，朝鲜问题更好解决。就此次战役说，如果发展顺利，并能找到粮食，则春川、加平、洪川地区可能寻歼较多的伪军。"③ 1950年12月26日，毛泽东再次致电彭德怀等人："现在的形势和十一月间的形势相比已经改变了，十一月间决定派人民军两个军团深入朝鲜南部的计划，现在应加改变。现在敌人在（北纬）三十七度（线）至三十八度（线）之间构筑防线，是有利于我军各个歼击的。美军主力守汉城区域，其一部守浦项、釜山区域，在这两者中间，直至春川、江陵之线则是伪军九个师，这样，就使我军能够不要走很远的路便能找到伪军及一部美军作战，而各个歼灭之。因此，人民军第二、第五军团如果现在插入朝鲜南部，威胁敌人后方，就有分散敌人，使敌人变更部署，不敢在三十七度（线）以北地区建立防线的可能，而汉城美军则有放弃汉城集结大田、大邱一带的可能，这样，将使我军作战发生很大

---

① 《毛泽东军事文集》第6卷，军事科学出版社、中央文献出版社1993年版，第181页。
② 《毛泽东军事文集》第6卷，军事科学出版社、中央文献出版社1993年版，第217页。
③ 《毛泽东军事文集》第6卷，军事科学出版社、中央文献出版社1993年版，第245页。

困难，不易各个歼灭。因此，不但人民军二、五军团现在不要深入南部，而
且全军主力（包括人民军）在此次战役后，应当后退几十公里进行休整，使
美李两军感觉安全，恢复其防线，以利我军春季歼敌。此点要使朝中两国各
主要干部充分明了。"①

第四次战役的作战意图仍是以歼灭美军主力为重点，正因如此，就必须
设计足够装下美军的大网，而不能拘泥于局部性的小打小闹。毛泽东提出的
作战目标是，必须赢得一场决定性的战役！打赢决定性战役的最佳方式是速
决性合围歼灭战，而非久拖不决的消耗战。

志愿军实施的前三次战役都具有一定程度的"主动性"。前两次战役充
分利用了"联合国军"的急躁冒进、孤立分散及"敌明我暗"的优势，第
三次战役利用了"联合国军"在防线上立足未稳的弱点，从而达成了作战上
的突然性与进攻上的主动性。而第四次战役从根本上说处于"被卷入"状态，
是由于李奇微的突然进攻而不得不实施的"应急性"作战，带有很大的"勉
强性"。

打赢决定性歼灭战是否可能？

抗美援朝战争的全过程中，毛泽东在战略利益的实现程度及相应战略目
标的调整上始终进行着不懈探索，不断地从指导思想、实现手段、战术方法
上作出调整。在激烈的战争冲突进程中，毛泽东对现代战争的认识也在不断
发生转变。曾任美国国防部助理部长的菲利普·戴维逊对毛泽东所具有的战
场现实感、灵活性作出过这样的评价："灵活性对于毛（泽东）来说，就是根

---

① 《毛泽东军事文集》第 6 卷，军事科学出版社、中央文献出版社 1993 年版，第 250 页。

据情况正确地改变战术和手段，这一点他在朝鲜作得很出色。他改变了既往观念和行动方法，打了他一生中竭力避免的阵地战……如果你对毛泽东的一切都记不得，那么，你只要记住，他是一切战略家中最重实效、最主张批判地接受经验的一个。"[1]

毛泽东关于第四次战役作战方案的构想，包含有前几次成功战役经验中的合理性因素、对朝鲜战场特性的正确认识，也有前三次战役成功后的惯性思维在发生作用。

第一次战役，采取在西线正面突击，与西线东侧实施战役迂回切断"联合国军"清川江后路的办法。"此战只要我 38 军全部及 42 军一个师，能确实切断敌人清川江后路，其他各军、师能勇敢穿插至各部敌人的侧后，实行分割敌人而各个歼灭之，则胜利必能取得。"志愿军第 38 军向军隅里、安州、新安州攻击前进，切断了"联合国军"由新安州通往肃川后方的联系。"但是由于敌人是机械化行军，我们是徒步行军，比我们行进得快得多。至（1950年 11 月）3 日黄昏，西线敌人除剩下了一部分兵力扼守清川江北岸的滩头阵地，阻止我进攻外，其主力已全部撤至清川江以南，并在新安州至价川一线占领了沿江有利阵地。"[2]

第二次战役，利用美军东西两线之间存在 80—100 公里的缝隙，采取边顶边退的办法，在西线正面诱美军第 8 集团军北上，志愿军主力第 38 军、第42 军从东西线结合部向价川、顺川、肃川方向实施深远距离迂回，呈包围之势，形成西起纳清亭，经泰川、云山、新兴洞到宁边以东的，约 140 公里的弧形突出地带的大口袋。志愿军第 38 军第 113 师 14 小时行军 145 华里，抢占三所里。志愿军第 42 军第一梯队进至新仓里时由于受到美骑兵第 1 师第 7 团阻击，而未能达成向顺川、肃川方向的战役迂回。

---

① ［美］菲利普·戴维逊：《毛泽东的战略》，转引自《外国军事学术》增刊第 22 期。
② 洪学智：《抗美援朝战争回忆》，解放军文艺出版社 2000 年版，第 58 页。

第三次战役，由于志愿军主要作战目的是突破三八线，因而没有采取侧翼迂回的方法，而是采取正面突破的方法，形成了平推的局面。但是，志愿军第 42 军在东线的局部纵深插入，仍然对美军全线防御产生了致命性打击，出现所谓美国陆军史上距离最长的撤退。

在前三次战役中受制于朝鲜地形因素，美军东西两线之间出现防御缝隙。美军在西线配置承担主攻任务的第 8 集团军，在东线配置战力薄弱的第 10 军，相互间缺乏有效的战役配合。从这道防御上的缝隙，在麦克阿瑟眼里，原本不太可能挈入一支具有威胁的作战力量。"朝鲜东西两岸之间的所谓'腰围'地带被脊状山脉所切断，造成了两个沿海地区之间横向交通的极端困难，也使跨越半岛的补给活动完全不可预料。被高山分水岭所隔绝的两个地区都必须同时保住，否则，半岛整个东部地势将无力抵御敌人扑向东南方向的侧翼进攻，而半岛的整个东北部亦必将敞开无阻，听任敌人攻我第 8 集团军的右侧。从这个地形条件来看，敌人方面不大可能在我两支部队之间打进一个强有力的楔子，并对任何一支或两支部队发动侧翼进攻，敌人从未有过这样的尝试。"①

志愿军很敏锐地捕捉到了美军进攻力量部署上存在的薄弱环节，充分利用了美军在战场认识上的"盲区"，在不可能行军用兵之处给对手以反击。然而，志愿军在前三次战役中取得最大程度胜利的同时，也在战场留下了由于双方实力差距过大导致的遗憾，显示出在实施歼灭性作战能力上存在的局限性。

在第四次战役中，关键性的问题在于志愿军能否赢得一场决定性的歼灭战。

在这场与美军的非对称性作战中，志愿军实力上的缺陷非常明显。

---

① 《麦克阿瑟回忆录》，上海译文出版社 1984 年版，第 262 页。

首先，机动范围有限。志愿军通常采取渗透迂回的方式实施机动，实现对驻止、运动之敌的侧翼攻击，切断其退路，并阻击援敌，达成合围歼敌的目的。如志愿军创造的经典性渗透迂回战例，第38军第113师昼夜机动行军145华里，在三所里断敌退路。但是，由于进行渗透迂回的志愿军部队主要采取步行方式，通常不可能连续几天实施机动，这就决定了最有效的机动持续时间、距离都有限。

其次，火力打击效果有限。由于迂回穿插必须突破美军多道防线，志愿军技术装备落后，后勤补给困难，通常只能是轻装上阵，靠自带携行的办法解决弹药及补给问题。重型火炮难以伴随步兵进行深远距离作战。第二次战役时，志愿军第38军、第42军从美军东西两线间的结合部插入，实行深远迂回包围，连续行军14小时，行程70余公里，主要火器难以伴随而行。

不同战术动作、作战方向、作战兵力的使用从来不是孤立地存在于战争舞台上，而是处在一定作战环境、一定战役战斗发展系列中，不同方向的战术动作形成协调配合。志愿军在前三次战役中，作战层次低的战斗单位如营、连、排之间的配合效果，要优于团、师、军之间的配合。在朝鲜战场，要实施大规模战役，军、师之间的协同配合，对志愿军带来更大的挑战。

最后，达成作战突然性的手段不多。志愿军在前三次战役中，采取昼伏夜出的办法达成作战突然性，取得最大程度作战效果。而在后期美军实施"黏着"战术后，志愿军被迫昼夜出击，失掉突然性优势，作战能力必然下降。志愿军前三次战役的成功之处就在于昼间摆脱或不与美伪联军纠缠，充分发挥夜战优势。志愿军运用小部队，成功地进行了不少典范性的突然战斗。各种形式的尖刀排、连、营适于山地作战，机动性强，隐蔽性好，易达成突然性。志愿军在攻击对象的选择上也有特点，大多针对"联合国军"的炮兵连、指挥所等机动性和防护力差的核心目标。但是，在当时的条件下，如果要实施大规模战役，志愿军达成作战突然性的手段确实不多。

火力、机动性、突然性、情报，是赢得速决性歼灭战的必备要素。从前三次战役实施过程可以发现，志愿军最有效的作战恰恰是采取了多点渗透的非常规性方式：小规模，夜战，近战，实施灵活的穿插、渗透。由于受后勤保障能力制约，存在装备、技术水平差距，及现代化条件下大规模合同作战经验欠缺，志愿军通过采取穿插、渗透、夜战、近战等灵活的战术，以小规模歼灭战的方式解决战斗最为有效。相反，实施大规模歼灭战，由于指挥协同环节过多、粮草补给保障有限、技术兵器不足等因素，作战效果未必理想。

志愿军在东线、西线作战力量的分配上，东线作战力量过多，导致后勤供给不足的矛盾更加突出，道路有限，造成行军、进攻拥挤，机动性差。

知己知彼是一个艰难的认识过程。直至 1951 年 5 月 26 日，毛泽东在思想上才完全认同"对美英军目前只宜打小歼灭战"。他在给彭德怀的电报中说："历次战役证明我军实行战略或战役性的大迂回，一次包围美军几个师，或一个整师，甚至一个整团，都难达到歼灭任务。这是因为美军在现时还有颇强的战斗意志和自信心。为了打落敌人的这种自信心以达最后大围歼的目的，似宜每次作战野心不要太大，只要求我军每一个军在一次作战中，歼灭美、英、土（耳其）军一个整营，至多两个整营，也就够了。"①

实现战役构想的前提

要实现毛泽东在第四次战役构想中提出的作战目标，至少要具备以下几个基本前提：

第一，志愿军第 38 军、第 50 军及朝鲜人民军第 1 军团，必须坚守住仁川

---

① 《毛泽东军事文集》第 6 卷，军事科学出版社、中央文献出版社 1993 年版，第 172 页。

及汉江南岸。

抛开志愿军是否从原州方向出击不论,固守汉江南岸、仁川都具有非同寻常的意义。从中朝方面来说,坚守成功,就意味着保住了第三次战役的胜利成果,会进一步强化前三次战役后形成的军事格局。

从毛泽东提出的方案看,作为整个宏大战役构想的重要组成部分,西线处于最为关键的地位。如果没有西线的稳固、坚守,在东线的纵深出击将会失去支撑。固守西线对整个防线稳定都具有决定性意义,直接影响着第四次战役乃至以后战局的走向。

西线能否守得住,能守多久?是需要考虑的关键。

西线的稳定取决于防御,防御质量依赖于制空权的夺取、地面阵地的稳固、海上防御的安全,以及投入兵力的程度等基本因素。

在空中防御方面,志愿军基本上是空白。美军的空中力量可以对志愿军全纵深实施为所欲为的"自由"打击,拥有绝对的制空权。

在汉江南岸阵地的坚守上,机动区域狭小,并且基本上是平原地带,无险可守。此外,由于漫长的冬季即将过去,天气逐渐转暖,汉江就要解冻,志愿军将处于背水作战的不利境地。从 1951 年 1 月 27 日开始,有利的防御时间也就 15—20 天。

由于始终存在着美军再次从仁川登陆的可能性,志愿军在进行西线防御时,还必须考虑防止美军从海上实施机动打击侧后的危险。

一线作战力量投入上,参加西线防御的人民军第 1 军团,志愿军第 50 军、第 38 军,面对美军地面作战兵力,在数量上丝毫不占优势。如果要加强西线,就必须在现有兵力分配上做文章,调整东西兵力数量。但是根据毛泽东的作战构想,在西线不再可能投入更多兵力,构成"重锤"的志愿军第 39 军、第 40 军、第 42 军、第 66 军都将在东线承担起进攻的重任。当时唯一能加强西线防御的主要办法,就是从国内尽快调遣参战部队。但是,由于后方兵团还远在中国东北地区，远水难解近渴，西线防御战就必须在劣势兵力条件下"超负荷运转"。

工事构筑是汉江南岸防御作战遇到的最大问题。

冰天雪地，草木干枯，阵地难以进行伪装防空。地面冰冻，积雪又厚，挖掘工具不足。志愿军战士的装备是："每人手榴弹 3 枚，步枪或冲锋枪 1 支，携弹 50 发，另每人帮助携带轻机枪子弹 30 发、2 人 1 个水壶、2 人 1 把小锹，3 人 1 把小镐。干粮袋、米袋每人 1 条，携带 3 天的用粮，包括 1 天的干粮。每位战士的负重以 36 公斤为标准，最多不超过 40 公斤。"[1] 用来构筑工事的工具是数量有限的小锹、小镐。

由于难以构筑坚固工事，志愿军大都是用弹坑及自然地形隐蔽，只有少量单人立射工事，并在立射工事下挖出隐蔽部。"我担任西线防御的 50 军和 38 军 112 师，在天寒地冻、粮弹供应困难、工程器材极缺乏的情况下，依托野战工事进行坚守，战斗进行得异常激烈艰苦。所谓野战工事，实际上很多就是在雪堆上浇水做的工事。"[2] 志愿军第 39 军第 116 师文化教员何宗光，后来回忆了一次行军之后构筑野战工事的情况："一夜行军下来，大家很疲劳，加上天冷地冻，挖工事实在费劲。我们只构筑了很短、很简易的野战工事，堑壕和射击掩体挖得很浅，全是露天敞开式的，深度还不到 50 厘米，只能隐蔽身体，不能防御敌人炮兵和飞机的轰炸。"[3]

在时间允许的情况下，志愿军也曾构筑少量地堡，在地堡外面设置地雷、拉雷及铁丝网。由于防御工事稳固性不高，导致志愿军在"联合国军"的空中及地面炮火打击下难以坚守，伤亡量大。

---

① 军事科学院军事历史研究部：《抗美援朝战争史》第 1 卷，军事科学出版社 2000 年版，第107 页。

② 洪学智：《抗美援朝战争回忆》，解放军文艺出版社 2000 年版，第 122 页。

③ 何宗光：《那年，那月，鸭绿江边的记忆》，长征出版社 2011 年版，第 80 页。

在决定西线能否稳定的三个基本因素中，志愿军都处于劣势。这样造成西线防御处于不利于守，而又不得不守的境地。只能以西线的冒险为代价，换取东线的强力出击。如果西线防御足够稳固，则可以为东线出击提供更为充裕的"腾挪"选择空间。

第二，东线部队的攻坚力量必须加强。

第三次战役结束后，志愿军前线部队的战斗力普遍下降。按照彭德怀的说法："两个多月作战，西线六个军三个战役伤亡、冻伤、病、逃共计 5.5 万人，东线九兵团三个军伤、亡、冻、病、逃约 4 万人。目前兵员不足，给养很差，体力削弱，非休整补充，难以继续作战。请将各大区抽调之老兵第一批 4 万人于（1951 年）2 月初送到球场、龟城、定州，2 月下旬补入部队，3 月中旬即可继续开始进攻。同时为防止敌人从侧后登陆，十九兵团应调鸭绿江边至球场地区为预备队，相机使用。"①

参加东线作战的志愿军第 39 军、第 40 军、第 42 军、第 66 军都处于需要补充休整的状态。

志愿军副司令员韩先楚在给志愿军司令部、中央军委的报告中说："此次战役中，据我了解的概略情况，部队伤亡实际上并不小。打的都是骨干（如第 39 军第 116 师两个团伤亡 1000 余人，第 40 军第 119 师一个团伤亡 300 多人），现已有不少团、营、连已无攻击能力，很难过硬……在前面作战部队，极端疲劳，困难太多，'三八线'以南群众跑光，房屋烧毁，使部队无饭吃，无法睡觉，体力大大减弱，很难支持，行军中不少战士跌倒，沿途三五成群掉队很多……建议：部队除一部前进外，主力宜迅速休整，求得马上有一批新兵补充，以保持部队元气。"

志愿军第 39 军第 116 师第 347 团"入朝是一个满员的大团，共有三千九

---

① 王焰主编：《彭德怀年谱》，人民出版社 1998 年版，第 465 页。

百多人，现在剩下两千零五十人了。就是说在短短的两个月战斗中，减员一千八百八十六人。一个步兵营入朝时齐装满员八百多人，一眼望不头的行列，现在每营剩下二百多人，等于入朝时的一个加强连，营长在前面讲句话，教导员在后面都能听到。部队伤亡大，得不到补充，部队病号多，体力得不到恢复，完成任务的困难就多"。①

志愿军第 42 军当时仅剩 30881 人，减员近 30%，"军党委决定派人回国内留守处，将军留守处干部学校中储备的干部和解放战士，进行动员和教育，号召他们到前线去立功受奖。共动员了 3200 多人，又对留守机关和军、师司政后机关，实行精兵简政，将精简下来的老战士和干部 200 多人，补充到部队中去，着重点是补充到战斗连队，充实战斗力"。② "对于有些战斗减员太大的单位，我们实行了整编合并。如原一个营有四五个连，减员太多，就编成二三个连队。保存了干部，保存了各连排的架子，又充实了基层单位的战斗力。在建队中，在战斗中表现好的连、排、班级干部和老战士，都提拔起来使用。"③ "根据中央军委决定，除动员 12 万人的东北新战士参军外，为保持部队战斗力，还确定从国内现役部队中抽调 8.4 万老战士补充东西各线各个军，我师（指第 42 军第 124 师——引者注）可得到 5000 人的补充。如能得到这批战士补充，我师可迅速恢复入朝前 1.4 万人的实力状况。入朝连续打了三个战役未得到补充，这是一个宝贵的力量。"④

计划补充人员难以及时到位，直接影响志愿军部队恢复元气。"我第二番入朝作战的部队第 3 兵团（第 12、第 15、第 60 军）、第 20 兵团（第 67、第 68 军）、第 19 兵团（第 63、第 64、第 65 军）和第 49 军共 9 个军 27 个师，

---

① 李刚：《朝迹夕觅》，解放军文艺出版社 1997 年版，第 108 页。
② 吴瑞林：《抗美援朝中的第 42 军》，金城出版社 1995 年版，第 89 页。
③ 吴瑞林：《抗美援朝中的第 42 军》，金城出版社 1995 年版，第 89 页。
④ 苏克之、汤从列：《八千里路云和月》，解放军出版社 2001 年版，第 256 页。

尚未赶到作战地区，从国内抽调的 4 万老兵和 8 万名新兵，尚未补入部队。我军现有兵力，在数量上也不占优势。"① "我们的弱点是，第 19 兵团（1951年）2 月 17 日由安东（今丹东）出动，其他各军最快也要 4 月初才能先后到达三八线附近。其次是交通困难，部队供应正处于青黄不接状态。敌人的便利条件是装备优良，有空军配合，运输快，因而敌人可能继续进攻，乘我第二番兵团及补充兵员未到前，企图进逼三八线。"②

第三，战役进攻能否持续 10 天左右？

战役持续时间完全受制于后勤保障水平。进攻作战能力在很大程度上取决于后勤保障力量。后勤补给不足，降低了志愿军部队的进攻速度。"远离祖国，战线很长，后方运输又遭到敌人的狂轰滥炸，作战物资的补给十分困难。每一次战役，每一个作战想定，都不能不充分考虑作战物资的供应保障情况，都不能不受到后勤的制约。"③ 随着后方供应线延长，如果携带物资过多，将影响志愿军部队机动；而携带物资太少，又得不到及时补充，会造成供应中断。带几天粮食打几天仗、背多少子弹打多少子弹的后勤补给特点，决定了志愿军的战役持续时间有限。志愿军机动迂回部队通常是轻装急进，所带粮、弹不多，在战斗激烈情况下均不够需用，如战斗时间延长则更困难。因此，渗透迂回部队的战斗持续时间不长，难以对强敌实施攻坚作战。如志愿军第38 军第 113 师在三所里战斗中自带粮食，伤员只能吃小米稀饭。第一天战斗结束时，有的战士手中枪炮全无弹药，不得不采取夜间出击的办法，收集美军遗弃的枪弹，准备第二天的战斗。

对志愿军的缺粮情况，美军进行了相对客观的表述："敌（指志愿军——引者注）粮短缺，是从（1951 年）1 月攻势开始一直存在的问题。其主要原

① 杜平：《在志愿军总部》，解放军出版社 1989 年版，第 144 页。
② 杜平：《在志愿军总部》，解放军出版社 1989 年版，第 148 页。
③ 洪学智：《抗美援朝战争回忆》，解放军文艺出版社 2000 年版，第 679 页。

38

因，是我军撤出汉城时把敌之前出路线上的补给设施和补给品一扫干净，使敌军无法就地筹粮。因此，敌军不得不从远离 420 公里的满洲调运大量粮食，为此动员了几乎所有的运输部门，竭尽全力向前线运送。然而，由于美第 5 航空队的轰炸，运输量的 80% 在长途运输途中遭到损失。尤其是，渡过汉江进行运输更为困难。因此，敌军对汉江以南地区的中共军粮食补给成了最困难的问题。正好在这个时候，美第 1 军团和第 9 军团从 1 月 25 日开始行动，将敌军压迫到汉江线，破坏共军的补给设施和物资，使汉江以南的中共第 38 军和第 39 军陷于饥饿状态。"① "第 38 军从 1950 年 10 月入朝至 1951 年 2 月的 4 个月中，部队所需粮食有 80% 是靠向群众借粮来解决的。"②

朝鲜半岛狭长的地形，以及作战双方的补给特点、补给水平，决定了志愿军后勤上的缺陷成为十分明显的弱点。无论是麦克阿瑟，还是李奇微，在评估双方作战实力时，都认为后勤已成为志愿军最薄弱的环节。早在筹划仁川登陆作战时，麦克阿瑟就已经洞察到任何来自朝鲜北方的作战力量在向半岛南部攻击时，在后勤补给上都将不可避免地出现问题："敌人的弱点在于给养情况。每向南进展一步，他们的运输线就拉得更长，使他们变得更为脆弱以至发生混乱。敌方几条主要的补给线是从北方向汉城会聚，再从汉城伸展到前线几个战区。夺取汉城以后我们就可使敌人的往返的补给系统完全瘫痪……没有军火和粮食，他门不久将陷于孤立无援以致瓦解，并且容易被我们的人数虽少但配备精良的部队所压倒。"③ 李奇微认为，志愿军由于受后勤因素的制约，进攻持续时间仅能维持 7 天左右，然后必须停下来进行补充。

---

① 韩国战史编纂委员会：《朝鲜战争》第 1 卷，黑龙江朝鲜民族出版社 1988 年版，第 533 页。
② 吕永康：《军需大事回眸》，军事科学出版社 2007 年版，第 122 页。
③ 《麦克阿瑟回忆录》，上海译文出版社 1984 年版，第 252 页。

第 3 章

进退两难：
前线司令员力挽狂澜

　　一个民族，只有它的民族性格和战争锻炼在不断地相互促进，才能指望在世界政治舞台上占有巩固的地位。

——克劳塞维茨

后勤保障状况将决定志愿军的东线进攻这张牌到底能打多久。

解放战争时期，毛泽东总结了著名的十大军事原则，其中第九条是关于后勤保障的内容："以俘获敌人的全部武器和大部人员，补充自己。我军人力物力的来源，主要在前线。"[1] 但是在抗美援朝战争中，后勤补给保障不是靠前线，而是靠国内后方保障。毛泽东曾经将志愿军在朝鲜战场遇到的困难概况为："我们方面发生的问题，最初是能不能打，后来是能不能守，再后是能不能保证给养，最后是能不能打破细菌战。这四个问题，一个接着一个，都解决了。"[2] 而在 1951 年年初，志愿军的后勤补给处在最为艰难的阶段。

当时任中央人民政府人民革命军事委员会总后方勤务部部长的杨立三曾说：

"在抗击美帝国主义、援助朝鲜人民的胜利战斗中，把我军的后勤工作提上新的阶段，从我们历来取之于前线的方针，转到主要甚至完全依靠后方的供应"。[3]

最为艰难的保障时期

战线向南伸展过快，给志愿军的后勤造成了巨大压力。第一次战役后，志愿军将前沿阵地推进到清川江；第二次战役后，推进到三八线附近；第三次战役后，已伸展至三七线附近。后勤保障范围由 50 公里迅速扩大至 500—700 公里。

时任中央人民政府人民革命军事委员会代总参谋长的聂荣臻后来在回忆

---

① 《毛泽东选集》第 4 卷，人民出版社 1991 年版，第 1248 页。
② 《建国以来毛泽东军事文稿》中卷，军事科学出版社、中央文献出版社 2010 年版，第 173 页。
③ 《杨立三文集》下卷，金盾出版社 2004 年版，第 161 页。

录中说："随着战线南移，运输线不断延长，后勤供应更加困难。第四次战役时，粮弹补给的困难尤为突出。例如，因为炮弹不足，使进攻的步兵得不到有力的炮火支援而大大影响了战果。步兵因弹药缺乏，有时不得不用刺刀与敌人拼杀……总之，在运动战阶段，志愿军因粮食、弹药等供应不及时，在作战中或被迫停止进攻，或加重了自己伤亡的例子是相当多的。"①

"由于敌机严重破坏，运输效率不高，途中损失严重，部队粮食供应仍严重不足，据统计补给量仅达标准量的 40% 左右……三、四次战役应前运 11 万吨物资，实际只前运 5 万余吨，仅完成 45%。"②

后勤补给上的困难，直接导致志愿军战斗力下降。

志愿军第 42 军第 126 师第 378 团第 3 营卫生员徐厚魁，从一个普通战士角度回忆了当时的后勤补给情况："因敌人握有制空权，我军担任后勤运输的汽车几乎被炸光。粮食弹药运不上来，严寒季节战士仍没穿上棉鞋，很多战士被冻伤，造成了一定的非战斗减员。'三八线'以南沿途群众早已跑光，房屋被敌人烧光，部队无法吃饭睡觉。"③

"第三次战役一结束，我师（指志愿军第 42 军第 124 师——引者注）各团即根据志司和军的意图，没有等待，开始进行休整……除抓紧时间部署休整，恢复疲劳，主要是就地筹粮，解决吃饭问题……我们已有好久缺粮了，第三次战役各团就饿着肚子打仗，第三次战役后，战线向前延伸 500—700 公里，敌人被我军打到三七线，这是好形势。我师在加平缴获的大批粮食，由于抢运不及，大部被敌机投弹烧毁，得到一点点补充，也是杯水车薪，全师最大困难仍是吃饭。"④ "由师直、各团组成 4 个筹粮队、46 个筹粮组，分别

① 《聂荣臻回忆录》下册，战士出版社 1983 年版，第 750 页。
② 傅良碧：《抗美援朝战争中钢铁运输线》，解放军出版社 1992 年版，第 53 页。
③ 政协辽宁省铁岭县文史资料委员会：《抗美援朝战争回忆录》，第 29 页。
④ 苏克之、汤从列：《八千里路云和月》，解放军出版社 2001 年版，第 255 页。

由师、团政委领导，在各单位驻地清平川筹粮……此后筹粮队每人手持一根铁棍或木棍，黑夜到炸毁的村镇，掘窖找粮，幸运的找到一罐一袋，大多难于找到……只好又动员部队到田间山野茹毛饮血，挖野菜、采野果、打野兽回来充饥。"① 志愿军司令部原来决定第66军在春川以南地区休整，但是横城与春川之间主要以林地及旱田为主，农作物产量低，人少粮缺，而不得不北返至盛产水稻的金化地区。

从第二次战役开始，炒面已成为志愿军部队的主要作战干粮。炒面是用70%的小麦，30%的大豆、高粱或玉米等原料，经炒熟、磨碎加0.5%的食盐制成。洪学智说："如果没有炒面，就解决不了部队最低限度的物资保障。"②

但炒面在缺水情况下难以进食，长期食用会导致消化不良、体质下降。后来，志愿军战士又想办法将炒面做成饼，"炒面在作战情况下没有开水泡，许多同志吃干的吃不下去。现在有些单位用开水将炒面泡好，烙成薄饼，携带便利，也好吃。如用油烙就更好吃些。若在炒面里加上少量食盐和辣椒面烙饼，吃起来就更有滋味了"。③

而在志愿军缴获的美军文件中，美军对食物的供给都有相当苛刻的标准："不要供给微温的，应供熟的食物。热咖啡茶、热咖啡食物或热茶给兵士，最好在餐食之间每两小时一次。如这些饮料缺乏，则供给热牛奶、热柠檬汁、热肉汤、热糖汤……加热饭具（指吃饭前），是很重要的。其他盛皿也需要在吃饭前加热"。④ 由于缺乏蔬菜，导致志愿军官兵缺乏维生素A，引起夜盲症。如志愿军第42军第124师师长苏克之、代理政委汤从列回忆说："有的连队百分之三十的人患了夜盲症，夜间行军看不到路，部队缺少医药治疗。"⑤ 第

① 苏克之、汤从列：《八千里路云和月》，解放军出版社2001年版，第256—257页。
② 转引自吕永康：《军需大事回眸》，军事科学出版社2007年版，第118页。
③ 《志愿军》1951年3月号。
④ 志愿军缴获文件：《美一军团常备作战手册及美八军防治冻伤的通知》，第5页。
⑤ 苏克之、汤从列：《八千里路云和月》，解放军出版社2001年版，第257页。

39 军第 117 师政委李少元回忆说："由于部队长期食用炒面，营养严重不足，指战员中肚痛腹泻、夜盲等病症相继发生。各级军需部门想方设法搜集黄豆，为战士增加营养，并发动部队用松树针熬水喝等土办法治疗夜盲症。"①

身处前线的战地记者华山记下了当时采访到的情况：说到胜利条件，其中一条是"穿上棉胶鞋了"！普遍满意，鞋底结实，大小合脚，轻便，暖和，春季化雪不打滑，山地作战追击敌人最妙了。突破三八线时，因为鞋破了，冻伤了脚，爬不动山，眼巴巴地看着敌人从手指缝里跑掉了，伤心啊。②

脆弱的后勤生命线

当时任政务院财经委员会副主任的李富春，将志愿军的兵站线比喻为"豆腐线"、"麻绳线"，一打就烂，一击就断。

火车运输、汽车运输、骡马运输组成了志愿军后勤生命线的链条。运输能力不足是直接影响前线后勤补给的主要因素，所以，出现了后方物资堆积如山，而前线部队挨饿的现象。在第三次战役结束后，志愿军副司令员邓华曾说："出国作战最大的困难是供应问题，鸭绿江边物资堆积如山，而部队却挨饿受冻……由于粮食来源和运输的困难，直接影响到战斗行动，第二次战役如公路能修通，能运粮到德川，多增加一个军则胜利更大。"

在上述 3 种运输方式中，火车运输的能力最强，但是受制于朝鲜全境铁路状况差的影响，运输潜能难以充分发挥。铁路运输线的延伸范围，直接决定了运输总量及汽车、畜力运输线任务的轻重。

朝鲜铁路从北到南呈漏斗式布局，具有南北纵线多、东西横线少的特点，

---

① 李少元：《硝烟征程》，白山出版社 1999 年版，第 533 页。
② 华山：《朝鲜战场日记》，新华出版社 1986 年版，第 72 页。

尤其是在前线北纬37度—38度区域范围内，横向铁路少，致使东西横向间的运输能力受到限制。志愿军使用的铁路主要有4条：西部沿海地区的京义线（釜山至新义州），中部山区的满浦线（满浦至顺川），东部沿海地区的元罗线（元山至罗津），以及联结朝鲜东西部地区的平元线（平壤至元山）。东部的元罗线，靠近海岸，易遭受美海军攻击，只能使用中段（高原至元山）。由于美军始终将轰炸铁路交通线、削弱志愿军后勤保障能力，作为军事打击的重要手段，因而铁路大动脉是否畅通已成为志愿军的"生命线"。

正如李奇微所说的那样："我们在北朝鲜战场上空几乎未遭抵抗，而且，除地面火力外，我们可以不受阻碍地攻击敌补给线。在头一年，敌人（指中朝联军——引者注）甚至连防空火力还击也没有。因此，我们确实摧毁了敌人许多沿途运送的装备和补给物资，而且毋庸置疑，使敌人遭到沉重的打击，在生命财产上付出了高昂的代价"。[①]

1950年，朝鲜北部仅有安东至平壤、上河口经安州至平壤、辑安经满浦至平壤3条铁路通车。为提高铁路运输能力，从1950年11月6日开始，"志愿军铁道兵团第1师及另两个团，由中朝两国边境城市辑安和丹东分别跨过鸭绿江，徒步沿满浦线和京义线，由北向南开始前进抢修。到1951年的1月18日，中线满浦线经新成川抢修至三登，东线平原线于2月下旬由元山港抢修至涟川。这期间抢修的重点在东线，但由于我抢修力量不足，加之天寒地冻，材料没有来源，技术装备较差，又缺乏抢修经验，故而进度不快，工程质量较低，不能满足运输的需要"。[②] 1951年1月，抗美援朝战场的铁路总运力为31.6万吨公里（包括倒短运力11.8万吨公里），仅能满足需要量的40%。

由于铁路向南最远只能维持通车到三登，从三登到三八线以南的300余

---

① ［美］马修·邦克·李奇微：《朝鲜战争》，军事科学出版社1983年版，第91页。

② 傅良碧：《抗美援朝战争中钢铁运输线》，解放军出版社1992年版，第267页。

公里，大量军用物资仍主要靠公路汽车运输。

志愿军汽车运输的主要问题在于汽车数量不足。

在志愿军出国参战之前，东北军区就研究了汽车运输的可能性。"根据东北军区估计，（东北）边防军部队出动后，每天需消耗各种物资 6140 吨。为保证部队需要，各军师后勤应携带物资 3396 吨，各后勤分部应携带物资 18336 吨，这样才能保证部队物资供应的源源不断。根据这种要求，在作战的情况下，为保证部队的物资供应和运输，边防军的汽车配备量为：

1. 根据敌机轰炸和战场地理条件，军、师后勤无法建立野战仓库，需携带储备物资随军行动。按 4 天的粮食、7 天的油盐蔬菜、1 天的马草、2 天的马料、1 个基数的弹药计算，即为 12396 吨，这样各军师后勤共需要配备 1688 台汽车才能完成任务。

2. 朝鲜作战，各种物资均要由国内供应。除军师后勤有足够的携带量外，后勤分部要完成由铁路终点站到前线的物资运输任务，需要配备 386 台车。在敌机轰炸的条件下，只能夜间行车，加上路况不佳，每台车每天的行程最多可能只有 75 公里。按到前线的距离为 150 公里计算，往返一次需要 4 天，因此后勤分部共需配备汽车 1544 台。

3. 除保证按时前运物资外，后勤分部还需要在战场后方囤积 15 天的物资。在敌机的威胁下，白天难以卸车，只能在夜间突袭装卸。为保证物资装卸的顺利进行，按每晚装卸四次并将物资疏散完毕计算，各后勤分部又需要配备汽车 57 台。

4. 后勤分部负责保证各军师的弹药供应和工兵器材、医疗器材、药品供应，如按总量为 7087 吨计算，分批前送，按以往的经验，各后勤分部需要配备汽车 1155 台才能保证及时前运物资。

这样，为保障边防军物资运输，即需要配备汽车 4444 台，若加上战争情况下汽车的损坏以及抢修所需的工程车与预备车，以 20% 计算，又需要 889

台，合计需要 5333 台汽车。"①

东北军区计算出的 5333 台汽车需求量有两个基本假设前提：

一是入朝参战的部队规模是以东北边防军参战为标准进行计算的。根据中央军委《关于保卫东北边防的决定》："作为国防机动部队的第 13 兵团（辖第 38、第 39、第 40 军）和在东北齐齐哈尔等地区的第 42 军以及炮兵第 1、第 2、第 8 师等部，共 25.5 万余人组成东北边防军。"② 但是第三次战役结束时，志愿军参战部队的人数已超过 25.5 万人。这意味着，后勤保障总量要远大于以东北边防军为标准的估算量。

二是补给距离限制在 150 公里范围，往返一次需 4 天。实际上，在第四次战役之初，东线运输经顺川、成川、三登到洪川，运输距离约 1000 公里，往返一次要近 15 天；西线运输由西浦到涟川、议政府，运输距离约 800 公里，往返一次要 10 多天。

如果按照"每台车每天的行程最多可能只有 75 公里"的运输能力计算，在第四次战役之初，志愿军所需汽车量最少也要在 1.3 万辆以上。然而，志愿军实际上能够投入前线后勤运输的汽车数量为：东线 3 个汽车团只有运输车 420 台，西线 2 个汽车团仅有运输车 283 台，共计 703 台，最多只能达到需求量的 5.3%。"运动战阶段志愿军汽车损耗失率，初期达到 50%，到 1951 年第二季度为 22%。"③

志愿军后勤部门采取"统一调拨，分区供应与建制供应相结合"的办法，将供应物资从后方运送到后勤分部的兵站仓库，由后勤分部对各军进行补给，

---

① 军事科学院军事历史研究部：《抗美援朝战争史》第 1 卷，军事科学出版社 2000 年版，第 111—112 页。

② 军事科学院军事历史研究部：《抗美援朝战争史》第 1 卷，军事科学出版社 2000 年版，第 66 页。

③ 军事科学院军事历史研究部：《抗美援朝战争运动战若干问题研究》，军事科学出版社 1994 年版，第 55 页。

军以下按建制实施补给。在志愿军后勤物资的运输链条上，从后勤分部到军，用汽车运送；从军到师，用汽车和大车；从师到团，以大车为主，从团到营，以驮马为主。

骡马运输也存在不少困难。

在志愿军出国参战之前，东北军区"从三个途径为边防军补充马匹：一是由东北人民政府统一购买一批马匹，二是从第四野战军后勤部所属的大车团中抽调一批骡马，三是从东北军区骑兵师和军区所属部队、机关中抽调马匹补充边防军部队"，"第13兵团所属部队实际拥有马匹13089匹"。[①] 在数量上，基本上可以达到每个军有2600—3000匹骡马。其中，用于牵引各类重炮的挽马数量占骡马总量的30%，用于后勤运输的驮马数量占骡马总量的60%，用于骑乘的骡马数量占骡马总量的10%。每匹骡马驮载40—60公斤，日行程30公里左右；三套马车载重400—500公斤，日行程20—30公里。

骡马运输中遇到的主要问题是：

骡马饲料量大，在运动战期间难以给予有效保障。每匹骡马每天需马草6—7.5公斤、马料（主要成分是高粱、豆饼、黑豆）4—5公斤。考虑到前三次战役中的骡马伤亡因素，在第四次战役之初如果按照最低1.2万匹骡马的保障规模，每天需马草240吨、马料300吨，合计相当于8万志愿军将士的口粮消耗量。一个军每月需马草40万—50万公斤。志愿军部队所需马草"主要靠就地解决。入朝初期，多以草票或粮食向当地群众兑换或以朝鲜币购买马草。但群众所存马草有限，难以满足部队需要"。[②] 志愿军部队处于防御、驻止状态时，可以就地大量割马草解决，在运动战情况下则需要移马就草。尤其是在一二月份，朝鲜大地冰雪覆盖，气温低，无论是割草还是放牧都极为困难。

---

① 军事科学院军事历史研究部：《抗美援朝战争史》第1卷，军事科学出版社2000年版，第111页。

② 吕永康：《军需大事回眸》，军事科学出版社2007年版，第123页。

在前四次战役期间，志愿军战线变化不定，难以为骡马构筑防空工事，导致不少骡马被炸死、炸伤。

器具缺乏也影响骡马的使用。骡马用的布马槽、帆布水桶、乘鞍、木驮鞍等都属于耐用品，基本上不需要经常更换。笼头、缰绳都是用旧电线制作的。由于朝鲜山地多，马掌磨损过快，基本上需要每月换一副。然而在前几次战役中，蹄铁供应量不够，出现了用旧轮胎代用、以废铁打制蹄铁的情况。另外，由于缺乏防滑马掌，使得近80%的骡马受伤。

在抗美援朝战争中还有大批战勤民工参加支前，"为保证志愿军粮食、武器、弹药的供应，大批民兵自备骡马和大车，志愿参加了运输队。仅东北地区，从1950年10月到1953年7月，参加运输队和担架队的民兵就达74万人，胶轮大车达6万多辆。其中随军入朝支前的民兵有21万多人"。① 在志愿军入朝之初，由3万多人组成民工担架队，使用民马2万多匹。这也是一个不小的保障规模。

在第三次战役中，后方补给只能满足实际需要的25%，采取就地自筹、借粮等方式占75%。考虑到第四次战役之初，志愿军后勤运输上将更加困难，后方补给在满足实际需求中的比例不会超过25%。

快不起来的补给线

第一次战役的作战区域位于德川、温井、云山地区。铁路通车范围是：东部满浦线到达江界，中部到达朔州，西部到达成白马。第二次战役的作战区域位于顺川地区。铁路通车范围是：东部满浦线到达球场，中部到达方砚，

---

① 中国军事博物馆：《抗美援朝战争风云录》，花城出版社1999年版，第510页。

西部到达宣川。第三次战役的作战区域位于原州、江陵地区。铁路通车范围到达顺川、孟中里。

第三次战役后，志愿军后勤保障机构都尽力向前延伸，具体配置情况为：共有 6 个后勤分部、23 个大站、27 个医院、5 个警卫团。根据前线作战需要，由 3 个后勤分部组成了一线保障分部：第 1 后勤分部配置在松石里，第 2 后勤分部配置在接月里，第 3 后勤分部配置在木伐洞，主要任务是负责将保障物资从铁路终点站前运至各作战部队。由 2 个后勤分部组成二线保障分部：第 4 后勤分部配置在南寺里，第 5 后勤分部配置在安州。横城地区的作战后勤保障由配置在接月里的第 2 后勤分部负责，下设 4 个大站和 8 个分站。其中，第 1、第 5 大站位于春川，通过分站对中线作战兵团第 39 军、第 40 军、第 42 军、第 66 军提供物资保障。第 6、第 7 大站分别位于华川和山阳里，开设 6 个野战医院。第 2 后勤分部配属第 1 汽车团和第 3 汽车团。第 1 汽车团位于接月里，第 3 汽车团位于新溪。

速决还是持久？

战争的速决与持久之争，始终是抗美援朝战争中的重大战略问题。

早在志愿军入朝作战的筹划酝酿阶段，东北边防军第 13 兵团司令员邓华、副司令员洪学智及参谋长解方在联名写给第四野战军司令员林彪的报告中，已经就抗美援朝战争的速决性问题提出过看法：

"我军入朝目的，是为了歼灭敌人并求得迅速结束战争为有利。"①

关于志愿军的作战方针："根据敌情、地形、友军及我军主观条件，如我

---

① 《志愿军第一任参谋长解方将军》（上），军事科学出版社 1997 年版，第 90 页。

无必需的空军参战，要达成速决与全歼敌人的目的是很困难的……打好了可以部分歼灭敌人，打不好则可能打成胶着状态，成为持久战和消耗战。如此则对我是很不利的，会使我们在战略上限于被动，而影响到军事政治财经各方面。这一点是很值得深刻考虑的。"①

"如出兵参战，则应力求速战速决。除再调两个兵团并加强部队必需装备（各种大炮，尤其是防空和反坦克炮火和坦克）之外，应尽一切可能组织大量空军配合作战，以绝对优势的兵力、火力猛打猛冲压倒敌人，消灭敌人……如果我们空军条件还不成熟（喷气机并不容易驾驶），以推迟出动时间为有利。"② 邓华、洪学智、解方等人从战争目的及实施条件上，提出了抗美援朝战争的速决性问题。显然，面对军事实力明显强很多的对手美军，志愿军要实现战争的速战速决，无疑是充满重重困难的，或者说胜算不大。

在阅完邓华等人所呈报告后，林彪没有就入朝作战方针等重大问题发表任何明确看法，而是于1950年9月8日，将这份报告又转呈给毛泽东，同时还附信说明："主席：兹将邓华、赖传珠同志来信送上请阅，信中所提后勤装备等问题请军委予以决定和解决。"③ 9月26日，毛泽东将其批示给代总参谋长聂荣臻："聂阅酌办"。④ 后来，林彪拒绝挂帅出征朝鲜，各种推测很多，志愿军难以在朝鲜战场达成速决、易陷入被动，也是原因之一。冒险犯难，并不是林彪之所长。

1950年10月，中共中央政治局在决策是否出兵援朝时，赞成与反对双方争论的焦点在于：是否能赢得胜利？是否会形成长期作战、久拖不决的局面？

对可能出现持久相持的战争局面，中共中央决策层无疑十分担忧、顾虑。

---

① 《志愿军第一任参谋长解方将军》（上），军事科学出版社1997年版，第95页。
② 《志愿军第一任参谋长解方将军》（上），军事科学出版社1997年版，第95页。
③ 《志愿军第一任参谋长解方将军》（上），军事科学出版社1997年版，第89页。
④ 《志愿军第一任参谋长解方将军》（上），军事科学出版社1997年版，第89页。

"多数人不赞成出兵或者对出兵存有种种疑虑。理由主要是中国刚刚结束战争，经济十分困难，亟待恢复；新解放区的土地改革还没有进行，土匪、特务还没有肃清；我军的武器装备远远落后于美军，更没有制空权和制海权；在一些干部和战士中间存在着和平厌战思想；担心战争长期拖下去，我们负担不起等等"。① 当时中国经济困难重重，"编制一九五〇年预算，遇到两大难题，一个是对原国民党军政人员包下来的问题，一个是军费开支问题。这些都是带全局性的大事，而对财政经济十分困难的新中国来说，又是两项十分沉重的负担"。②

抗美援朝期间，战争费用支出成为新中国财政的重要负担。

抗美援朝战争期间中国财政支出和战争费用统计表③

（以下按人民币新币统计，当时旧币 1 万元折合新币 1 元）

年度	国家总决算（元）	国防费支出（元）	国防费支出占国家总支出的百分比	志愿军经费（元）
1950	68 亿	28 亿	41.5%	1.8 亿
1951	122 亿	54 亿	44.1%	19.6 亿
1952	175 亿	51.7 亿	29.3%	18.5 亿
1953	220 亿	61.7 亿	28%	22.5 亿

过高的战争费用支出，影响新中国经济建设的健康发展。

以 1927 年秋收起义为起始点，到 1949 年新中国成立，指挥战争、赢得中国革命胜利是毛泽东人生的主旋律。在 22 年血雨腥风的战争生涯里，毛泽东创造出独特的军事思想，成为一位打破旧世界的"旗手"。

从西柏坡"进京赶考"的毛泽东是踌躇满志的，以"小学生"的心态踏

① 逄先知、李捷：《毛泽东与抗美援朝》，中央文献出版社 2010 年版，第 20 页。

② 逄先知、金冲及：《毛泽东传（1949—1976）》上卷，中央文献出版社 2003 年版，第 66 页。

③ 徐焰：《第一次较量——抗美援朝战争的历史回顾与反思》，中国广播电视出版社 1998 年增订版，第 357 页。

上建设一个新世界的道路。

熟知历史得失的毛泽东，懂得"马上打天下"与"马下建天下"的辩证法。但是，新中国成立伊始，他就必须在战争与建设之间作出艰难选择，一手指挥战争保家卫国，一手深谋宏图振兴百业。"一九五〇年三月全国统一财经工作，稳定市场，六月爆发朝鲜战争，十月志愿军出国。当时很紧张，前面要抗美援朝，后面要稳定市场，两头重担，哪一头发生问题都不行。既要能抗，又要能稳，这是高于一切的。以后毛泽东同志提出边抗、边稳、边建的任务，又加了一个'建'的担子。"①

虽然彭德怀以破釜沉舟的气概说："出兵援朝是必要的，打烂了，等于解放战争晚胜利几年。如美军摆在鸭绿江岸和台湾，它要发动侵略战争，随时都可以找到借口"②，但是，兵贵胜不贵久，国内严峻的政治、经济形势也不容许毛泽东有更多持久作战的回旋空间。

在承认抗美援朝战争存在长期性的可能时，也要尽可能争取早日结束战争。

在抗美战争战争进程的各阶段，毛泽东与彭德怀在往来电报中多次就战争的长期性问题进行研究。

1950 年 12 月 19 日，彭德怀在致毛泽东、高岗的电报中，详尽地阐述了抗美援朝战争不可能速胜、必须立足长期的思想："两次大胜后，速胜和盲目乐观情绪在各方面增长。苏（联驻朝鲜）大使说美军将速逃，要我军速进，朝方也有如此要求。据我看，朝鲜战争仍是相当长期的、艰苦的。敌人由进攻转入防御，战线缩短，兵力集中，正面狭小，纵深加大，对联合兵种作战有利。敌人马上放弃朝鲜，对帝国主义阵营是很不利的，英、法也不要求美国这样做。如再吃一两次败仗，可能退守釜山、仁川、群山桥头阵地，也不

---

① 《陈云文选》第 2 卷，人民出版社 2005 年版，第 194 页。
② 《彭德怀自述》，人民出版社 1981 年版，第 258 页。

会马上全部撤出朝鲜。因此我军目前仍应采取稳进。对第一批入朝的十三兵团使用不能太伤元气。目前虽未到顶点，但已两个月未休息。现已开始战役接敌运动。此役除运输困难、气候寒冷和相当疲劳外，特别是由山地运动战转为阵地攻坚战，还没有进行很好的普遍教育。因为上述种种原因，我（12月）8日给你的电报中提到暂不越'三八线'作战，以便充分准备明春再战。"①

1950年12月21日，毛泽东致电彭德怀："对敌情估计是正确的。必须作长期打算。"② 1950年12月26日，毛泽东又致电彭德怀等人："战争仍然要做长期打算，要估计到今后许多困难情况……速胜的观点是有害的。"③

随着形势的发展变化，毛泽东曾明确提出抗美援朝战争有速决的可能。1951年1月14日，毛泽东就春季攻势问题致电彭德怀、金日成：

"在春季（四月和五月）根本解决朝鲜问题。在目前开始的两个月至三个月内，中国人民志愿军和朝鲜人民军均有很多严重的工作要做，这主要是，补充新兵到军队里去，使新兵向老兵学会作战方法，加强军队的装备，修理铁路，储备粮弹，改善运输系统和后方勤务工作。只有完成了这些工作，才能保障最后胜利。"

"今后敌人统帅部的方针有两种可能性。

（一）在中朝两大军队压力下，略作抵抗，即退出南朝鲜。如果是这样，那就是我们的充分准备工作的结果，因为敌人知道我们做了充分的准备工作，我们的军事力量更加强大了，敌人才知难而退。

（二）敌人在大邱、釜山地区作顽强抵抗，要待我们打得他们无法再打下去了，方才退出南朝鲜。如果是这样，我们必须做充分准备才能再战……有

---

① 王焰主编：《彭德怀年谱》，人民出版社1998年版，第456页。
② 王焰主编：《彭德怀年谱》，人民出版社1998年版，第457页。
③ 《毛泽东军事文集》第6卷，军事科学出版社、中央文献出版社1993年版，第250页。

一种可能，即客观形势迫使我们在二月间就要打一仗，打了再休整，再去完成最后一战的准备工作，这点也要估计到。但是，如果不发生这种形势，则以两个月至三个月时间充分地完成上述各项准备，然后举行最后性质的春季作战，是必要的和正确的，中朝两国同志都应当定下决心来做这些必不可少的工作。"①

正如杨尚昆在日记中所说："我援朝志愿军，昨（1950 年 12 月 31 日）夜已开始对三八线及其以南的美伪军进行总攻击。此为我志愿军入朝后第三次的战役。我士气甚高，可能解放汉城。再次给敌人以打击！预计，明年（指 1951 年——引者注）上半年可能解决朝鲜问题，但精神上应作更久的打算。"②

可见，毛泽东与彭德怀在抗美援朝战争长期性问题上的认识并不完全相同。

毛泽东所说的长期性只能在策略意义上理解，实质是"立足长期，争取短期"。

直至砥平里之战后，毛泽东才在事实上接受了朝鲜战场上的持久性。1951 年 3 月 1 日，毛泽东在给斯大林的电报中说："从目前朝鲜战场最近进行的战役中可以看出，敌人不被大部消灭，是不会退出朝鲜的，而要大部消灭这些敌人，则需要时间。因此，朝鲜战争有长期化的可能，至少我应作两年的准备……我军补充物资只有百分之六十至七十能达前线，有百分之三十至四十在途中被炸毁。""总之，在美国坚持继续作战，美军继续获得大量补充并准备和我军作长期消耗战的形势下，我军必须准备长期作战，以几年时间，

---

① 军事科学院军事历史研究部：《抗美援朝战争史》第 2 卷，军事科学出版社 2000 年版，第 194—195 页。

② 《杨尚昆日记》（上），中央文献出版社 2001 年版，第 67 页。

消耗美国几十万人，使其知难而退，才能解决朝鲜问题。"①

难能可贵的冷静

在长期的战争生涯中，彭德怀历来都是极其顾全大局的，敢于担当责任，为中共中央排忧解难。但在考虑第四次战役作战方案时，他少有地连续向中共中央提出了作战上遇到的困难与"勉强性"。

彭德怀具有很强的通晓大势的能力。毛泽东曾说叶剑英是"诸葛一生惟谨慎，吕端大事不糊涂"，在关键问题上头脑清醒，脚跟站得稳。这一评价用在彭德怀身上也恰如其分。

高级将领的造就和成熟是非常缓慢、艰辛的历程，如同由茧成蛹，由蛹化蝶，需要长时间的知识准备、品格与精神磨砺，既包括情感、精神、品格、思维等心智层次的内容，也包括指挥素养、技能等专业上的磨炼。这是一个漫长而艰辛的修炼过程，既要有丰富的战争实践，又要不断地反思、总结经验，将天生秉性中不符合军事特质的品格进行打磨与碰撞。

彭德怀、刘伯承、粟裕都是韬略出众的战略家。如果说刘伯承、粟裕的战略才能突出地体现在屡有新意的战略谋划上，那么，彭德怀的战略才能主要表现在是非纷纭、分歧难辨的关键时刻，敢于当机立断，没有丝毫的动摇与含糊，力量十足。

1930 年，毛泽东提出红军东渡赣江的计划。彭德怀所率领的红三军团官兵多为平江、浏阳、阳新人，不愿意远离故土，要求"夹江而阵"，把战场摆在赣江两岸，红一军团在赣江以东，红三军团在赣江以西。当时，红三军团

---

① 《毛泽东文集》第 6 卷，人民出版社 1999 年版，第 149、151 页。

干部会上，两种意见尖锐对立，彭德怀处于举足轻重的地位："我这一票在当时是起相当作用的一票，站在哪一边，哪一边就占优势"。① 最后，彭德怀果敢地作出决策——东渡赣江。

第五次反"围剿"时期，彭德怀对中共中央战略决策的大胆质疑，体现为在战略问题上的独特见解。1934 年 4 月 1 日，彭德怀在给中革军委的信中指出："战略决心的迟疑，战略战术的机动还未发展到应有的程度，失掉了许多时机，并常常赋予部队难以完成任务的任务。"②

指挥志愿军入朝参战后，面对"梦幻"般的胜利开局，彭德怀没有因胜利失去对战场的清醒洞察。在第二次战役胜利后的 1950 年 12 月 15 日，"彭总还说：突破就是胜利。千万不要打得太远了、太深了，否则，我们困难很多，对我不利。歼敌，能歼多少算多少，歼多了更好，少了也没关系。总之突破三八线后，看情况适可而止"。③

第三次战役胜利后，《人民日报》发表的《祝汉城光复》的社论中提出："前进！向大田前进！向大邱前进！向釜山前进！把不肯撤出朝鲜的美国侵略军赶下海去！"

彭德怀对此有保留看法，置疑"假如以后因战争需要，我们又撤离汉城怎么办？他认为虽然前三次战役打得较顺利，但并未消灭美军的重兵集团，敌军仍然占有武器装备上的巨大优势，况且志愿军伤亡减员已达 10 万人，后勤运输极为困难，必须经过长期的作战，才能胜利"。④

"1952 年 7 月，彭德怀在中南海居仁堂（中央军委）作战室，回顾当时的情况时，说了这么一段话：我打了一辈子仗，从来没有害怕过。但我军一

---

① 《彭德怀自述》，解放军文艺出版社 2007 年版，第 165 页。
② 王焰主编：《彭德怀年谱》，人民出版社 1998 年版，第 98 页。
③ 洪学智：《抗美援朝战争回忆》，解放军文艺出版社 2000 年版，第 100 页。
④ 杜平：《在志愿军总部》，解放军出版社 1989 年版，第 207 页。

过三八线向南走，环顾前后左右，一看到部队的实际困难情况，心里实在感到不安，我怎么能拿百万军队的生命当儿戏呢!"①

彭德怀身上始终固守着可贵的冷静，保持着对战略形势的清醒认识。这种难得的冷静没有因抗美援朝战争初期的胜利、环境的变化而动摇，也没有因战争的巨大压力而摇摆，体现出为将帅者宝贵的品格与操守。

---

① 雷英夫：《在最高统帅部当参谋》，百花洲文艺出版社 1997 年版，第 170 页。

第4章

西线告急：
血肉之躯与钢铁的较量

战争也是狩猎，不过是对人的狩猎，是更为发展的狩猎。

——马克思

1951 年 1 月 29 日　晴

6 时，志愿军第 42 军第 125 师第 375 团进入伏击阵地。近中午时，美第 2 师第 23 团加强连进入伏击圈。直至黄昏战斗结束时，志愿军全歼美第 2 师第 23 团加强连 200 余人，缴获汽车 12 辆，无后座力炮 2 门，重机枪 6 挺，轻机枪 9 挺，自动步枪和卡宾枪 20 支，电台 6 部，报话机、步谈机 20 部，活捉上尉连长。

西线防御形势日渐紧迫。

7 时，美军以 8 架飞机、32 辆坦克和 5 个炮群，集中火力轰击志愿军第 38 军第 112 师第 336 团第 5 连据守的草下里南山阵地。"在敌毁灭性轰炸下，5 连工事全部被炸毁，轻重机枪也被炮火掀起的土石埋了起来。敌以两个营的兵力分三路向草下里南山主阵地涌来。5 连的指战员们从弹坑里跳出来，以手榴弹和肉搏战将敌人击退。""战斗中，6 班班长王文兴在左臂和腿部负伤的情况下，率 18 名伤员上前沿参战，他的眼球被炸出后，夹着两颗手榴弹冲入敌群，与敌同归于尽。""在 3 天的防御战斗中，5 连毙敌 500 余人，全连尚存 20 余人，草下里南山在地图上的标高为 311.6 米，但后来大家都叫它 311 高地，因为炮火将它削去了 0.6 米。"[①]

20 时，志愿军第 50 军军长曾泽生、政委徐文烈发电报指示第 148 师："蔡（正国）、何（运洪）、李（佐）并各师首长：

一、坚守好汉江南岸滩头阵地，关系到第四次战役的胜利和主力部队的战役准备，是为我军出国以来头等光荣的任务。因此必须动员全党全军每个人员人人出主意，逐级严密的组织与领导，以对党对中朝人民对世界和平民主事业的无限忠诚与英勇，克服一切困难，不惜一切牺牲，决不轻易失去一

---

① 51304 部队：《万岁军：38 军抗美援朝纪实》，辽宁美术出版社 1998 年版，第 87 页。

个阵地，坚决完成这一光荣任务。

二、对阵地防御作战应立即研究改进如下：

1. 阵地工事必须切实检查并加强，山顶阵地火力配备应加强，但兵力要少，主要力量配置在山顶两侧，以避免大的伤亡，亦便于组织反击，夺回阵地。

2. 对出击部队如仅起袭扰性质作用不大，须以小部队配置阵地上外，主力应时时控制在手，随时找机会出击，看准后干脆吃掉一个连或两个连都可。如此方能以积极行动狠狠打击打痛进犯之敌，使其不敢轻进。在全军指战员必须贯彻积极防御，寸土必争的军事思想。

3. 必须随时准备好五天干粮，争取以豆子、大米混合制面烙饼以便携带。

4. 我们今晚起程回部。"①

志愿军弹药基数的标准为：山炮、步兵炮、迫击炮每个基数30发。重机枪每个基数2500发，轻机枪1500发。步枪弹100发，手榴弹3—5枚。

但是，当时志愿军第50军的弹药基数只有约0.5，经常处于"弹药恐慌"状态。

战斗核心——连、排级指挥员伤亡过多

志愿军的战术思想建立在班、排、连基础上。这些连、排级指挥员都是从战士、战斗组组长、副班长、班长、副排长、排长等一步一步不断成长起来的，拥有丰富的战斗经验。"我们部队战士百分之三四十是老兵，有的参加

---

① 王顺才、申春：《汉江血痕：解放军第五十军征战纪实》，云南人民出版2005年版，第201页。

过抗日战争，有的参加过解放战争"。①

基层连、排级指挥员伤亡大，造成了志愿军战斗力的下降。仅 1950 年 11 月 5 日，第 38 军第 112 师指挥所遭袭，就牺牲营级干部 10 人、连级干部 18 人、排级干部 36 人。第 39 军"基层干部伤亡多，流动性大，新的干部缺乏经验。如出国时，战士提为连排长者占 21%，从班级干部提为连级者占 11%"。② 第三次战役结束后，时任第 39 军第 116 师第 347 团团长的李刚回忆说："入朝以来部队伤亡过大，连排干部换了一茬又一茬，入朝时的连长现在只有一名了。多么盼望有一个休整补充的机会啊！"③

第 39 军第 116 师第 347 团第 3 营副连长、特等功臣王凤江（1951 年 1 月 3 日牺牲）；

第 39 军第 116 师第 347 团第 7 连连长历风堂（1951 年 1 月 3 日牺牲）；

第 39 军第 116 师第 347 团第 7 连指导员张鼎（1951 年 1 月 3 日牺牲）；

第 39 军第 116 师第 347 团第 2 连连长王少林（1951 年 1 月 3 日牺牲）；

第 40 军第 118 师第 354 团副连长王和高（1950 年 11 月 26 日牺牲）；

第 40 军第 119 师第 357 团第 3 营排长王世荣（1950 年 11 月 27 日牺牲）；

第 40 军第 120 师第 359 团第 2 连副教导员孙成芳（1950 年 11 月 26 日牺牲）；

第 40 军第 120 师第 358 团第 2 营排长、二级英雄车臣才（1950 年 11 月 5 日牺牲）；

第 42 军第 125 师第 373 团第 1 营排长、二级英雄安炳勋（1951 年 1 月 1 日牺牲）；

……

---

① 李刚：《朝迹夕觅》，解放军文艺出版社 1997 年版，第 2 页。

② 《李雪三将军》，军事科学出版社 1995 年版，第 200 页。

③ 李刚：《朝迹夕觅》，解放军文艺出版社 1997 年版，第 109 页。

抗美援朝战争第三次战役结束后，志愿军中从战士直接提升为连、排长的比例还有增加。

1951 年 1 月 30 日　晴

斯大林复电毛泽东，支持其发动第四次战役的主张，表示："从国际的观点看，不让敌人占领仁川和汉城，以使中朝部队给敌人的进攻部队以重大打击，是完全合适的。"①

"主席发烧，2 时约同米大夫及两位苏联大夫前往郊外，等到 4 点时才看了病。据医生说可能是肺炎，必需立即开始注射盘尼西林，今日最高温度为 39（摄氏度），下午 5 点时为 38。夜间 12 时仍为 38。精神尚好，吃东西也正常。我已将此种情形，告周（恩来）矣。"②

早晨，坚守阵地、顽强阻击美军多日的志愿军第 38 军第 112 师第 334 团 6 连只剩下 30 多人，第 336 团只剩 10 多人。"第 38 军草下里南山、鼎盖山、211 高地等，因阵地被毁殆尽，已不宜坚守。是夜，转守南至岘—新岱里一线的群山浦阵地。336 团仍坚守泰华山阵地，113 师 337 团进入京安里地区转属 112 师指挥，加强正面防御。113 师主力在杜陵里、上品里一带。114 师集结于杨平、玉泉里地区机动，相机投入战斗。"③

1951 年 1 月 31 日　阴

美军在西部战线加紧攻击的同时，位于中、东部的美第 2 师侦察部队也加紧对原州—横城轴线、原州—砥平里轴线进行战前侦察。

美第 2 师第 23 团及法国营进占新村、九屯、草川里。

---

① 中国军事博物馆：《抗美援朝战争纪事》，解放军出版社 2008 年版，第 81 页。
② 《杨尚昆日记》（上），中央文献出版社 2001 年版，第 76 页。
③ 51304 部队：《万岁军：38 军抗美援朝纪实》，辽宁美术出版社 1998 年版，第 94 页。

由于侦察人员误报美军以一个加强营规模进攻，志愿军第 42 军第 125 师决定：以第 373 团由右侧攻占 278.5 高地，第 374 团由正面攻击，消灭草川里之敌，尔后两团会攻新村、九屯；第 375 团一个营于梅月里堵击逃敌，打击由东南方向来援之敌；该团主力攻击 512 高地，尔后助攻新村、九屯。

彭德怀将战斗部署及战场上的"联合国军"情况，向毛泽东和高岗①作了电告并抄送金日成：

一、敌自（1951 年 1 月）25 日开始以大量飞机、坦克、大炮向我五十军及（第 38 军）一一二师攻击，占我野战工事约七公里。我仅有步兵武器及少数山炮，且在弹药不足的情况下坚持抵抗。因敌火力猛烈，我伤亡相当大。

二、我军鞋子、弹药、粮食均未补充，每人平均补五斤，须 2 月 6 日才能勉强完成。特别是赤脚在雪地里行军是不可能的。将各军、师直属队、担架兵抽补步兵团，亦须数日。我们拟于 2 月 7 日晚出动，至 12 日晚开始攻击。

三、决定邓华率四个军首先消灭美二师，然后进攻堤川美七师，南朝鲜军第八师、二师；韩先楚前往汉城指挥两个军及人民军一军团，坚持汉江南岸阵地，相机配合主力出击；金雄②往平昌指挥人民军三个军团，首先消灭南朝鲜军第七师，尔后向荣州前进。

四、九兵团目前只能出动二十六军共八个团，其余因冻伤均走不动（一个师三天只走十五里），到 4 月才能大体恢复健康，影响步兵优势，这是严重问题。第三次战役即带着若干勉强性（疲劳），此役是带着更大的勉强性。如主力出击受阻，朝鲜战局有暂时转入被动的可能。为了避

---

① 高岗，当时任中共中央东北局第一书记、东北军区司令员兼政委。
② 金雄，当时任中朝联合司令部副司令员。

免这种可能性，建议第十九兵团迅速开安东补充整训，以便随时调赴前线。①

1951 年 2 月 1 日　晴

志愿军政治部向部队发出了《第四次战役的政工指示》，"指出此役是在相当困难条件下进行的，诸如部队普遍希望得到休整，作战的思想准备不够，兵员未得到补充，粮食、弹药困难等未完全解决，因此政治工作必须用极大努力，保证这次战役的圆满胜利"。"指示还要求应尽量从直属部队和机关中抽调人员，补充战斗连队，解决兵员不足的问题。"②

凌晨，志愿军第 42 军第 125 师第 373 团第 1 营夺取 278.5 高地，迫使美军向茂村方向溃退。但第 2 营在向 453 高地攻击时，遭受美军猛烈炮火攻击而受挫。第 1 营继续南下攻击夺取 468 高地时，遭美军 2 个连抵抗，攻击未能成功，而撤出战斗。第 2 营突击连攻占 212 高地。志愿军第 375 团在团长赵立贤指挥下，顺利夺取了 512 高地。随后，按照预定计划，该团第 2 连、第 4 连迅速出击夺取了新村、九屯，并迫使美军第 2 师第 23 团指挥所向琴洞里撤退。但在第 2 连、第 4 连向美军第 23 团指挥所追击过程中，志愿军第 375 团由于没有了解到此情况，并考虑到白天作战易遭受美军空中袭击，退至高松地区隐蔽，而错过了歼灭美军第 23 团指挥所的良机。

6 时，第 42 军报告志愿军司令部：（2 月）1 日 5 时收到志司 1 月 31 日 24 时电，始知已命令 2 月 1 日出发，时间来不及。拟 2 月 1 日第 124 师先头一个团进到龙头里，师主力及军直、第 126 师于 2 日晚分路出发，按指定位置于 5 日拂晓集结完毕。

---

① 王焰主编：《彭德怀年谱》，人民出版社 1998 年版，第 470—471 页。
② 杜平：《在志愿军总部》，解放军出版社 1989 年版，第 144 页。

9时，根据志愿军司令部命令，第42军指示各师：为确保汉江南岸阵地，给北犯之敌以军事、政治重创打击，即于2月1日晚，由现地出发集结于砥平里、龙头里、曲水里进行攻击；并要求各师应立即准备出发。第124师在新进里渡过汉江后，经九万里、盘谷里、大王岱进至龙头里、广滩里、石谷里一带集结，向原州方向警戒。第125师在栗村里、曲水里、琴洞里以北，铁路以西地区集结，向文幕里、骊州、梨浦里方向警戒。第126师沿清平川、九岩里渡江进入栗村里、曲水里、多文里、延安里、玉泉里一带，向利川方向警戒。炮兵团经洪川、阳德院里进入曲水里、琴洞里一线（不含）以北，铁路以西，水谷里、田谷以东地区集结。军供于阳德院里、苑田里设供应站，并逐步转至阳德院里一带。各部均于2月5日拂晓前进入指定地区，并特别注意防空、防坦克。

美第25师以10余辆坦克、步兵800余人，在炮兵及10余架飞机支援下，向志愿军第50军第149师第447团2个连坚守的兄弟峰阵地发动攻击。美军投下大量重磅炸弹、凝固汽油弹，致使阵地工事全被摧毁，志愿军官兵大部牺牲，阵地失守。

美第3师第15团在榴弹炮12门、坦克30余辆、飞机14架支援下，对志愿军第50军第149师第445团第6连坚守的麻谷里以北阵地发动攻击，先后发射炮弹500余发。该连坚守13个小时，击退美军4次冲锋后，战至最后，弹药耗尽，官兵全部牺牲，阵地失陷。

1951年2月2日 晴

早晨，志愿军第42军第125师利用作战地域大雾弥漫的机会，按照原作战计划再次发动攻击。

9时，第373团夺取了453高地，并歼灭美军40余人。

11时，大雾散去。美军迅速调集8架飞机、30余门火炮向志愿军第125

师所占阵地进行轰炸，以 2 个步兵营实施反击。当双方进行激烈的阵地攻防战时，从文幕里来援的美第 2 师第 9 团到达。随后，志愿军第 125 师各团撤出阵地。

志愿军第 42 军指示第 125 师：要侦察部队进至梨浦里、骊州、文幕（里）方向九屯之敌的后面，迅速查清敌有无后续部队及与该三点的联系，另应有侦察部队监视原州、横城方向敌人的动态。

此时志愿军的作战重点仍是放在砥平里，对横城的美军并没有考虑。

18 时，彭德怀致电柴军武[①]转金日成并报中央军委、东北军区司令部："美第一、第九军及英（国）、土（耳其）、希（腊）部队和南朝鲜军第一、六师沿南汉江西岸至水原线向北猛犯，我五十军及三十八军主力坚决抵抗。经八昼夜的激烈战斗，我五十军、三十八军、四十二军之一二五师共计伤亡约 8000 人，敌人伤亡亦有 4000 人以上"。[②]

1951 年 2 月 3 日　晴

志愿军部分军、师、团主官在辽宁沈阳的集训突然结束。

美军占领修理寺南山、军浦场、光教山、文衡里、发梨峰、天德峰、梨浦里等阵地。为继续钳制美军进攻集团，加强纵深防御力量，志愿军司令部将南泰岭、果川、军浦场分界线以西 14 公里划为朝鲜人民军第 1 军团防御。

在美军优势炮兵、坦克、航空兵火力突击下，志愿军第 50 军可以继续作战的连以上建制单位，只剩下 1 个团另 2 个团大部和 4 个连。第 38 军第 112 师伤亡近半。第 38 军第 112 师、第 50 军后撤至第二线阵地进行防御。

第 50 军第 148 师警卫营干部孔干后来回忆说："在汉江南岸防御战的日日夜夜里，物资奇缺，常常断炊；多日未吃蔬菜，有的得夜盲症；久未换衣

---

① 柴军武，当时任中国驻朝鲜大使馆临时代办，后改名为柴成文。
② 王焰主编：《彭德怀年谱》，人民出版社 1998 年版，第 471 页。

服洗澡，周身长满虱子，有空脱下衣服，抓起虱子用双手的拇指甲挤死，甚至指甲都染红了！人们取笑戏称为'革命虫'。"①

9时30分，志愿军第42军向第126师通报情况：驻九屯的美军可能攻占杨平，也可能继续北攻。第125师攻占龙头里。要求第126师在2月3日夜进至白安里以北及以西地区，以1个团进至城山、大兴里一带，构筑阻击阵地，并派出侦察及观察部队监视九屯的美军。该敌如攻第125师，第126师则侧击与侧后攻击，策应第125师作战。

12时30分，第42军指示第125师：九屯敌逐渐增加，占领高地并构筑简单工事。我主力尚未集结好，不应急于攻击。应以小部队构筑阵地，钳制监视敌人主力，就地调整控制。在敌北进、西进方向上的机动位置补充整理，兵员、弹药已前送。要求侦察部队查清驻九屯美军侧后情形。待主力集结好，以迅速攻歼该敌。

美第24师第19团，沿汉江西岸进入志愿军第38军侧后山中里东北的400高地，以动摇第113师坚守的杨子山、莺子峰阵地。为确保侧翼安全，第38军军长梁兴初以第338团及第339团的3个连、第341团进行反击。第338团第1营、第3营攻占洗月里以北133、141高地，割断山中里之敌退路。第339团出击洗月里，牵制美军前进。

战场形势的复杂多变，决定了砥平里作为角逐场上筹码的价值，也是涨落不定。

相比并不激烈的东线战场，西线形势很不乐观。西线战场形势的发展变化过快，超出了志愿军高层的预想。而此时，志愿军第39军、第40军、第66军主力仍位于议政府、东豆川里、金化地区进行紧张的作战准备，暂时还没有可能立即出动。

---

① 林源森：《震撼世界的一千天》，中国社会科学出版社2003年版，第259页。

西线防御的稳定性问题已变得越来越突出。

在西线形成"牛顶角"式相持局面的情况下，志愿军的单纯正面防御将难以完全遏制住"联合国军"日渐增强的进攻。

最有效的防御只能是进攻。位于东、西线中部的砥平里成为战场上的关注点。志愿军在砥平里地区实施反击作战，作为应对西线形势的应急方案。

最迟至 1951 年 2 月 3 日，志愿军司令部就曾考虑在砥平里地区实施反击作战，以减轻西线汉江南岸地区的防御压力。彭德怀复电第 38 军、第 42 军："（第 38 军第）一一四师归四十二军指挥，首先歼灭美二师之二十三团及法国营，此意甚好。但须待四十二军全部到达砥平里地区后才能确定，因美三十八团在文幕里，二十一团在梨浦洞，必须有打援的准备才行。"[①]

无论是密切关注战场形势的志愿军司令员彭德怀，还是身处抗击"联合国军"前线的第 38 军、第 42 军指挥员，都认识到了在砥平里作战的必要性。砥平里，作为一个可供选择的反击点的地位得以确立。

选择砥平里为战场"打点"，完全是西线告急形势之下的应对之着，是稳定西线的需要。但是，关于在砥平里地区作战到底打到什么程度、投入多大兵力及可能的发展前景，由于判断问题的视角不同、站立点有异，也就决定了彭德怀与前线指挥员们的认识并不完全相同。

对进入砥平里地区的美军第 2 师第 23 团及法国营，无论是第 38 军军长梁兴初，还是第 42 军军长吴瑞林，都担忧他们可能向西线杨平方向发展，将直接形成从侧后包围第 38 军的不利局面。所以，他们考虑以 2 个师的兵力，即第 38 军第 114 师、第 42 军第 125 师共同围歼砥平里之敌，至少能使砥平里之敌的攻势停下来，不至于造成第 38 军三面受敌的不利态势。

彭德怀在此问题上的考虑要更为全面、慎重、稳妥，他认为时机不成熟，

---

① 王焰主编：《彭德怀年谱》，人民出版社 1998 年版，第 471 页。

以志愿军现有力量，难以在砥平里地区实施有效反击，必须等第42军第124师、第126师到达预定位置后才能实施反击。

第124师部署在广滩里、龙头里、石谷里之间的半圆形地带，对砥平里之敌形成从北至东的包围；同时，阻击位于横城的南朝鲜第8师、美第2师第9团的增援。

第125师部署在栗村里、曲水里、琴洞里之间，从南侧对砥平里之敌形成攻击之势；同时，切断曲水里、文幕里可能之援敌。

第126师部署在曲水里、多文里、延安里、玉泉里之间，从西侧对砥平里之敌形成攻击之势；同时，阻断利川、梨浦里方向美第24师的增援。

第38军第114师在砥平里西侧投入战斗。

至此，在第四次战役全过程中，第一次比较初步地形成了歼灭砥平里之敌的作战方案。但是，并没有说明夺取砥平里之后的行动计划。

复杂的战场形势，难以明晰地勾勒出攻下砥平里之后的作战走向。

当志愿军挖掘战场中具有关键意义的"价值洼地"，重新认识砥平里在攻防争夺战中的作用时，李奇微仍死死地紧盯处于胶着状态的西线战场，并没有敏锐地意识到美军从砥平里揳入纵深，将直接从侧翼协助正面突破的可能性。

因此，美第2师第23团及法国营，从原州方向进入砥平里地区后，仍满足于与志愿军第42军第125师进行纠缠，而缺乏向西北方向加速进攻的意愿。

在当时的情况下，美军根本不缺乏进行快速机动、加快作战节奏的能力，欠缺的仅仅是进攻精神与求胜欲望。

如果在1951年2月2日前，位于利川之美骑1师、位于骊州之美第24师加快向砥平里方向出击，直接威胁志愿军第38军侧后，将使西线防御形势恶化得更快。在此局面下，志愿军的应对之策将非常有限：或者迅速将西线防御阵地后移；或者将准备前往东线方向出击的第39军、第40军，径直前调南下，加强西线防御。如果是前者，意味着美军的意图初步实现；如果是后者，则对美军更为有利——抓住了志愿军主力兵团。

在前三次战役中，"联合国军"战场溃败的原因很多，始终抓不住志愿军主力是重要因素之一。没有实施决定性会战的机会，造成"联合国军"无法充分发挥技术兵器所具有的火力打击优势，以及机动性强、后勤补给快的优势。

如果能造成志愿军主力兵团相对集中的态势，对美军来说将可能形成进行决定性会战的机遇。美军难得的战场机遇，就在李奇微的谨小慎微中不知不觉地滑落下去。在以后的作战过程中，美军参谋长联席会议主席布雷德利讽刺李奇微说：用这种战法，李奇微至少用 20 年光景才能到达鸭绿江边。

尽管美军都给予李奇微极高评价，认为他是"一位具有乔治·巴顿、菲利普·谢里登或斯通威尔·杰克逊式的作战灵感的将领"[1]，但事实上，李奇微的战场感觉并不敏锐，缺乏深刻地洞察战场变化的才能，根本不具备巴顿在战场上所展示出的大胆、冒险精神，以及动人心魄的创造力，也远没有麦克阿瑟那种丰富的战场想象力。至于麦克阿瑟身上那种饱受争议，然而又是衡量将领才华的"冒险"品质，李奇微更难以企及。

大师与工匠的区别正在于此。

李奇微不是一个深具统帅气质的将领，长处在于决策上慎重、指挥上稳定。从担任第 8 集团军司令直至接替麦克阿瑟出任"联合国军"总司令，李奇微在指挥上都是中规中矩，既没有表现出天才般的战争指挥才能与想象力，也没有出现明显失误。考虑到战争双方装备技术水平上的巨大差距，李奇微在战术上所采取的办法，事实上使美军丧失掉机动性与灵活性。优秀的指挥官通过战术手段使军事实力最大限度地发挥，而不是以丧失优势与降低目标为代价获得战场上的成就。李奇微在战场上的慎重、所取得的全部成就，都

---

[1] ［美］拉塞尔·F. 韦格利：《美国现代陆军史》，国防大学出版社 1987 年版，第 280 页。

难以让人信服其在军事指挥艺术上的才华。

在连续遭受三次战役的重击后，"联合国军"从麦克阿瑟狂妄的胜利想象中猛然跌落到失败的深渊，战斗精神已经降到危险的境地。前线士兵由于看不到胜利的希望，眼神已变得麻木。华盛顿的政治家们也变得迟钝，陷入不知所措的窘迫境地。

李奇微最大的贡献在于使这些士兵和政治家们已近死亡的心灵"复活"，重新燃起对胜利与未来的希望。

1951 年 2 月 4 日　晴

美军战线呈现凹凸状，西部突出，中、东部滞后。为拉平东、西战线发展状况，美军决定加强中、东部攻势。

重任落在了美第 10 军军长阿尔蒙德肩上。这位曾经以战场上的莽撞而备受争议的将领，经过一连串挫折后，开始变得谨慎起来，不断加强战前搜索及小规模试探性战斗，"军团以美第 2、第 7 师和美第 187 空降团战斗群占领平昌、酒泉里（平昌西南 15 公里）、原州一线，逐渐向北推进。这些部队的侦察分队，曾前出到安兴里（横城东 20 公里）、横城、砥平里一线进行搜索"。①

经过连日来的试探性进攻，"军团长阿尔蒙德少将在中部战线前后方做好各项准备后，根据方面军计划，为把战线推向洪川、龙头里、汉江一线，准备调整战线，发起进攻。即，韩第 5 师从荣州开进平庄里，担任军团右翼；韩第 8 师由周浦里前出到横城附近，担任军团左翼；美第 2、第 7 师在现占领的战线上，同友邻军团连接战线，警戒侧后"。②

---

① 《韩国战争史》第 5 卷下，军事科学院战史研究部 1986 年出版，第 63 页。
② 《韩国战争史》第 5 卷下，军事科学院战史研究部 1986 年出版，第 63—64 页。

南朝鲜第8师师长崔荣熙下达了第110号作战命令①：

①消灭当面之敌，前出洪川、阳德院里、龙头里一线。

②第21团占领碧鹤山、独裁峰、五音山，尔后向洪川进击。

③第10团攻克梨木洞、丰水院，尔后翻越圣智山，占领上吾安里（洪川西南6公里）、阳德院里一线。

④第16团沿6号公路，前出曾安里，翻越画采峰（443高地），尔后向龙头里进击。

⑤坦克排和第20炮兵营（欠）给第21团提供直接支援。

⑥第50炮兵营给全师提供支援，但火力优先权赋予第16团。

⑦各团占领目标后，就地构筑阵地，并在当面进行侦察。

⑧攻击开始时间为2月5日8时。

1951年2月4日1时，志愿军第38军第113师第338团第6连、第9连向"联合国军"发起攻击，迫使"联合国军"退至主阵地。

8时，"敌集中两个营兵力，在10余架飞机、数十门火炮和多辆坦克配合下，向133、141高地攻击，失败后又转向1营阵地狂轰滥炸，企图将被围之敌解救出去。338团1营在人员伤亡较大的情况下，一再整顿组织，把连编成排，排编成班，始终有组织地抗击敌人，并逐步缩小对敌人的包围圈。13时，敌再次集中两个营兵力向我133、141高地连续冲击，均被击退。战至18时，山中里被围之敌400余人全部被歼，洗月里之敌被逐出我军纵深，恢复了原有的防御布势"。②

在围歼山中里之敌过程中，战斗极为惨烈。战斗结束时，志愿军第338团第3连仅剩7人，第8连最后只能编成1个班。

① 《韩国战争史》第5卷下，军事科学院战史研究部1986年出版，第56—67页。
② 51304部队：《万岁军：38军抗美援朝纪实》，辽宁美术出版社1998年版，第94页。

"联合国军"纠集了3个营的兵力，在飞机、坦克、火炮支援下，向志愿军第38军第113师第337团第3连防守的西官厅北山发起猛攻。激战1日，第3连毙敌260余人，完成任务后，奉命撤出阵地。

美第24师第21团占据梨浦里，美第2师第9团占据文幕里、第23团及法国营占据砥平里。南朝鲜第8师沿着横城至龙头里方向公路，向杨平、洪川攻击前进。

中央军委来电：韩先楚集团在汉江南岸支持至2月6日晚后，如"联合国军"前进不止，应在汉城北三八线布置抵抗阵地。

坚守在汉江南岸的志愿军第50军已减员过半，全军只有4个营另4个连可以勉强坚持作战。①

志愿军司令部指示第50军："再收缩阵地，支持数天，主力才能有部分出击，但须确实掌握江桥。在万不得已的情况下，2月6日晚，将主力撤至北岸岛一带扼守之，南岸仍留少数（部队）节节抗击，破坏道路，埋设地雷。"②

志愿军第42军第124师占领智汝里、上古论里一线阵地，第125师占领德村里、大岱里、505.5高地、538.9高地一线，第126师占领注邑山、黑川以北高地一线，阻击南朝鲜第8师西犯。

13时30分，志愿军司令部命令：第38军沿汉江布置纵深阵地，构筑工事，侧击"联合国军"，以减轻"联合国军"对第50军的攻击；夜间派小部队积极渗透，袭击"联合国军"，并埋设地雷，破坏"联合国军"白天的攻击计划。同时，电令朝鲜人民军第1军团接替志愿军军浦里场、果川、南泰岭公路（含）及以西地区防务，以此来缩短志愿军第50军防御正面，加强纵

---

① 军事科学院军事历史研究部：《抗美援朝战争运动战若干问题研究》，军事科学出版社1994年版，第63页。

② 中国军事博物馆：《抗美援朝战争纪事》，解放军出版社2008年版，第81页。

深抗击力量。①

战争是一个流动的过程，需要不断地调整，以适应充满偶然性、不确定性，模糊性占优势的环境。在志愿军司令部的彭德怀，虽然听不见战场上激烈的枪炮声、厮杀声，但是，仍然强烈地感受着前线形势急剧变化带来的冲击，不断地斟酌着、完善着最终的作战方案。

彭德怀对东、西线战场形势经过充分的判断和研究后，在致毛泽东并高岗的电报中，更加具体地制定出作战构想方案，电报如下：

> 五十军及三十八军一一二师伤亡过半（一一三师亦不少），难以支持现有阵地，力争支持至 6 日晚。四十二军主力 4 日拂晓可集结砥平里附近，与三十八军一一四师先歼灭美二师之二十三团及法国营，如得手，向牧溪里推进。已令朝鲜人民军第五军团、二军团歼击横城东南南朝鲜军第五师之两个团及美军一个营。如均得手，敌进占汉城后，使之不敢向"三八线"冒进。如能迟至 12 日前后，我主力向原州、横城地区寻机歼敌一两个师，可能使敌停止于汉城或逼退至水原、利川线以南原阵地。如我军出击受阻，敌将向"三八线"进攻。洪川、春川山区虽有利于抗击，但不能就地取粮，后方运输困难，无法供应。在不得已的情况下，只有放弃。是否妥当，盼示。②

彭德怀在电报中汇报的第四次战役实施方案，基本上是按照毛泽东提出的作战构想来制定的，对整个防御，尤其是稳定西线防御，采取"两步走"、分阶段达成的办法。

第一步，先退守至三八线。对西线形势的恶化程度作了最坏的设想，即西线防御可能要放弃汉城，撤退至汉城与三八线之间。拟计划于 1951 年 2 月 6 日在东线砥平里、横城两地同时发动进攻，扭转西线不利形势，使"联合

---

① 中国军事博物馆：《抗美援朝战争纪事》，解放军出版社 2008 年版，第 81 页。

② 王焰主编：《彭德怀年谱》，人民出版社 1998 年版，第 471—472 页。

国军"的进攻停止在三八线前即可。第一步作战行动的核心是以"空间"换取"时间"，即通过放弃汉城、退守至三八线附近，为志愿军主力在东线出击争取 6 天左右时间。

第二步，将"联合国军"逼止于汉城或逼回至水原、利川。计划于 2 月 12 日，志愿军主力在横城、原州地区对"联合国军"进行重点打击，使西线之敌后撤。在这样一个分阶段实施的作战方案中，如何利用砥平里做文章，彭德怀又有了新的大胆想法，即在占领砥平里后，试图继续南下向牧溪里方向攻击。这无疑是一个充满挑战的想法，但是就整个方案来看，在砥平里方向的出击，仍是一个局部的且带有相当弹性的考虑。彭德怀把战场用兵的重点仍牢牢地放在横城、原州方向。

历史不可能假设与重演，但可以探索与追问。志愿军如果将用兵重点转向砥平里方向是否存在可能？

志愿军第 39 军从议政府地区、第 40 军从东豆川里向东线横城地区行军集结的时间，所能容许的最大限度是 6 天。然而，如果直接向砥平里地区集结，最多需 2—3 天，可以减轻后勤负担。

1951 年 2 月 4 日晚，金日成赶赴中朝联军指挥部，询问前线情况和中朝联军作战方案。

彭德怀说："我五十军经十昼夜抗击，伤亡很大，目前还能作战的约七个营。但敌进展不快，十天来前进不过七八公里。如五十军还能坚持到（2 月）7 日，则我主力即可出击，形势会改变。如主力出击受阻，敌人则会大胆追击我们，形势可能暂时处于被动。目前我们的困难是兵力不占优势，与敌兵力相等，但粮、弹、鞋子均未补充。我们经过三次胜利后，从上到下都产生轻敌思想，对敌人估计不足，以为敌人不可能这样快的向我反攻，所以对第四次战役的各种准备，比以前松些。根据现在情况看来，第三次战役打得太早，如能准备到今年 2 月来打就会好得多。我们当前的方针是力争停止敌人进攻，稳步打开战局，并从各方面加紧准备。战争仍作长期艰苦的打算，克服轻敌速胜思想。"①

金日成同意彭德怀对形势的分析和制定的作战方针，也认为："不能轻敌，如果第四次战役不能按毛泽东1月28日电报要求打到安东、大田地区，能守住汉江南岸一线阵地也很好。待空军和机场准备好后，能于5月进行总攻。"②

晚上，志愿军第38军第114师师长翟仲禹、政委李伟奉命率部从杨平渡江，接替第112师第335团防线。

本已逐渐解冻的南汉江，却又出现"江水冰封如镜，这在汉江历史上是很少见的事，全师涉冰而过"。③

21时，根据形势变化，志愿军第42军对攻击砥平里之敌进行了部署：

第124师从砥平里东南方向对美第23团侧翼发起攻击。

第125师坚守广滩里以北高地，其中该师第375团坚守上、下高松，石隅以北阵地，从正面阻止美第23团前进。

第126师根据形势发展变化，分别在凤尾山及注邑山两个方向围歼美第23团。

24时，周恩来为中央军委起草致彭德怀并告高岗电："同意你的作战方针。但望注意：敌人此次进攻虽以主力九个师旅放在西线作为主攻，但南汉江以东仍有八个师纵深配备进行助攻，而沿海又有两个师为之策应，其特点为力求东西呼应，齐头并进，其弱点为东线伪军多力弱，山多呼应难。我如能在东线歼敌一两个师，打开缺口，则西线敌人冒进，可能被停止，但必须设想敌进占汉城后侦知我西线正面力薄仍有继续前进逼我东线后退可能"。

---

① 王焰主编：《彭德怀年谱》，人民出版社1998年版，第472页。
② 逄先知、李捷：《毛泽东与抗美援朝战争》，中央文献出版社2010年版，第187页。
③ 刘西元：《我与三十八军在朝鲜》，《百年潮》2001年第3期。

"请令邓华集团在寻机歼敌部署中切忌仓卒应战。如敌冒进，宁可让其深入利我围歼。如敌不进，必须寻敌弱点利我分割歼击一部"。①

1951 年 2 月 5 日　阴

美第 9 军和第 10 军之间的分界线，南自骊州、上桥里（砥平里南 9 公里）、583 高地（砥平里西南 5 公里）一线。砥平里正好位于两军结合部。美第 23 团占领了骊州、砥平里、杨平这个三角地域顶角上的砥平里后，可以将砥平里作为基地，沿杨平、加平、春川轴线前出到三八线。

美军高度重视砥平里的军事价值。"砥平里是防护美第 9 军团右翼的绝对要冲。"② "砥平里的进攻战斗，仅从战斗地域和主战部队而言，应属于美第 10 军团战例。但是，从战斗性质，其原因和结果来看，同美第 9 军团向三八线挺进过程有不可分割的内在联系。"③

彭德怀致电韩先楚："四十二军决于本日分别围歼砥平里、广滩里、马龙里地区之敌。人民军第二、第五军团 6 日晚围攻进至横城美二十三团一部及南朝鲜第五、第八师，如得手，对五十军正面压力可能减轻。三十八军请照 4 日来电顺汉江北出击。（朝鲜人民军第）一军团是否以两个团出击"。④

志愿军第 39 军、第 40 军、第 66 军主力经紧张准备后，于 2 月 5、6 两日相继出动。第 39 军从高阳地区出发。第 40 军从东豆川地区出发（第 118 师从逍遥洞、议政府地区出发）。第 66 军主力从金化地区出发，向 80—130 公里以外的洪川以南、砥平里以北地区开进，经几个夜晚的急速开进，在 2 月 9—11 日先后到达预定集结位置，进行攻击准备。第 40 军位于横城西北贡谷、

---

① 中共中央文献研究室编：《周恩来年谱（1949—1976）》上卷，中央文献出版社 1997 年版，第 125 页。

② 韩国战史编纂委员会：《朝鲜战争》第 1 卷，黑龙江朝鲜民族出版社 1988 年版，第 532 页。

③ 韩国战史编纂委员会：《朝鲜战争》第 1 卷，黑龙江朝鲜民族出版社 1988 年版，第 531 页。

④ 王焰主编：《彭德怀年谱》，人民出版社 1998 年版，第 473 页。

花田里、桃源里地区，第 42 军主力位于上古论里、上桂良地区，第 66 军位于横城东北博只坪、堂巨里地区，第 39 军位于白安里、儿柴里、龙头里地区。①

志愿军部队在由西线往东线开进中困难重重。为了隐蔽企图，避免"联合国军"航空兵、炮兵火力袭击，主力部队的开进都在黄昏后开始，于拂晓前进入指定位置，以便完成伪装和防空、防炮的措施。山路狭窄，陡坡多，路滑，汽车、马车、炮车、步兵、骡马同行，易发生前后拥挤，后勤辎重、重炮装备都远远地落在后面。

2 时 40 分，第 38 军第 114 师到达预定位置。

8 时，位于中、东部战线的美国和南朝鲜军队开始全面进攻。"韩第 8 师担任中部战线美第 10 军团左翼，在横城地区作进攻准备后，前出到洪川、龙头里一线。"②

8 时，志愿军第 42 军电示第 125 师第 375 团：应迅速由加平西南梨花里、述院里渡江，在 2 月 7 日拂晓前进到阳德院里西北 15 公里之岱谷一带；一个连搭汽车由九延江渡江，经春川、洪川、阳德院里，务必于 2 月 9 日拂晓前进至龙头里西南立岩里，团部应派人等候联络。

11 时，第 42 军报告邓华指挥所：奉志司命令，为配合第 38 军、第 50 军西面作战，掩护主力集结，拟于 2 月 6 日晚，首先攻歼九屯琴洞里、章川里、砥平里、曲水里一带敌人，以便展开战役有利形势。决心从望美里、草旺里劈开分割敌人于砥平里、九屯、曲水里三块，先歼灭九屯茂村、草川里、望美里两营一团部，继歼砥平里 23 团 1、3 营得手后，则歼曲水里 24 师 1 个营，并要求于 2 月 6 日晚完成分割，并歼灭九屯琴洞里、茂村、草川里、草旺里、

① 军事科学院军事历史研究部：《抗美援朝战争史》第 2 卷，军事科学出版社 2000 年版，第 233 页。

② 《韩国战争史》第 5 卷下，军事科学院战史研究部 1986 年出版，第 61 页。

望美里之敌，第二日全歼砥平里之敌，依情况再歼曲水里之敌。

部署如下：

第124师应插至尧谷里、西院里高地。以1个团兵力坚决攻占278.5、432两高地，并攻歼茂村之敌；师主力先歼灭琴洞里、九屯之敌，得手后全线沿铁路线以西高地，向砥平里攻击前进，配合第125师、第126师攻歼砥平里之敌，得手后依情况歼曲水里之敌。

第125师以师主力进至黄巨525.9、512高地，坚决攻歼草川里、白新里、草旺里、望美里之敌，并以1个营兵力攻击新村，协助第124师迅速攻歼九屯之敌，得手后沿铁路线以东高地继续攻歼以砥平里为中心之敌，另1个营配合侦察部队在大松峙、伊云里、判岱里担任对文幕里警戒任务。第375团配合炮兵团展开两个营在上高松一带，展开炮火佯攻草旺里及砥平里之敌，由师里周密布置，留1个营为预备队，于飞龙里控制阵地，监视西面广滩里方向。

第126师以1个团经曲水里西南方向于2月6日24时插至内龙里，构筑纵深阻击阵地，阻击丽州来援之敌及断住九屯退敌，占领阵地后向尧谷里一带，找第124师苏克之、肖剑飞指挥；以1个团于2月6日23时插至王龙里构筑阵地，阻断梨浦里出援之敌，向曲水里佯动，抓住曲水里之敌；以1个团依托注邑山向东攻击201高地，并相机攻占望美山397.1高地，抓住砥平里之敌。

炮兵团配合各线突击部队，轰击九屯至砥平里之敌。

以上各部队于2月5日夜调整接敌位置，务必于2月6日夜19时开始攻击。军指挥部于龙头里以南5公里的隶岘指挥。

2月5日13时，第42军电示第126师：进至广滩里之敌已撤回砥平里，仍决定于2月6日晚开始攻击。

晚上，情况发生变化。"2月5日，（志愿军第38军）第114师在杨平待命，准备（于 2 月）6 日晚配合四十二军出击。已经到 5 号晚上，突然来了命令，变更了部署，四十二军和朝鲜人民军二、八军团停止原定于 6 日晚攻歼敌人的计划，原来是四十二军正面有美二十三团全部、美二十四师一个营、法国一个营，相距不远的梨浦洞还可能有敌人两个营，文幕里则有美九团。敌人两个团、四个营，仅四十二军加一一四师的力量一晚上不能解决战斗，并且缺乏足够打援兵力，出击不具备充分的把握。志愿军决定待东线主力集结完毕再统一实施反击。"①

西线还能扛多久？

1951 年 2 月 6 日　晴

拂晓，邓华到达东线集团指挥部所在地放谷。

志愿军第 42 军第 124 师第 372 团第 1 连，在牧谷歼灭美第 2 师第 9 团 1 个排。

第 38 军第 114 师主力开始转移至京安里、岩月里、樊川里一线，第 341 团仍在原地坚守洗月里南山，配属于第 113 师。

京安里是利川通往汉城的必经之地，位于第 38 军防御阵地最西侧。

由于志愿军第 50 军与朝鲜人民军第 1 军团的第二道防线被美军占领，同时考虑到汉江即将解冻，彭德怀和朴一禹②指示：志愿军第 50 军主力和朝鲜人民军第 1 军团主力，于 2 月 6 日晚开始向江北转移；在江南留一部，置于要点上，节节阻击，迟滞美军的进攻。

这是事关全局的决策。

---

① 翟仲禹、李人毅：《雄师苦旅》，解放军出版社 2002 年版，第 459 页。
② 朴一禹，当时任中朝联合司令部副政委。

毛泽东构想的方案中由第50军、第38军铸造的"铁砧"，在志愿军第50军与朝鲜人民军第1军团主动撤至江北后，事实上已经不存在。在此情况下，东线志愿军主力出击的"重锤"，如果仍坚持预定方向从原州揳入"联合国军"纵深后实施侧击，可能获得的效果肯定是有疑问的。

随着志愿军第50军与朝鲜人民军第1军团主动后撤，第38军的防御压力陡增：西侧已完全暴露，在从金良场里至骊州的正面阵地上，需要独自阻击美第3师、美骑1师、英第27旅、美第24师的进攻，并且后侧的汉江已渐解冻。

对于志愿军的这种主动后撤，李奇微在形势的判断上出现了误区。因为按照兵法常理推测，若难以在汉江南岸防御，理应将志愿军第38军与志愿军第50军、朝鲜人民军第1军团同时撤过汉江南岸，重新在汉江以北组织防御阵地。如果仅留第38军在汉江南岸孤立坚守，无疑是留给美军合围志愿军第38军的机会。

中朝联军"半守半退"，突然孤零零地"主动"将志愿军第38军放到美军"嘴边"，李奇微并没有像其前任美第8集团军司令沃克那样，轻易地钻进志愿军的口袋。相反，有整整2天的时间，美军在志愿军第38军西侧京安里方向停顿下来，害怕第二次战役中掉入陷阱的"悲剧"重演。

李奇微的担心有其合理性，"联合国军"除了在西线遭遇到激烈的阵地阻击外，志愿军的主力并没有出现。李奇微或许担心志愿军又是在利用后撤制造陷坑，尤其是野牧里至金良场里地带也就40余公里，志愿军的双腿完全可以在一夜间将"袋口"扎得紧紧的。

慎重与冒险都不是衡量指挥水平高下的标准，关键是对时机与尺度的把握。

战场上的当局者对情势的判断总是充满误解、遗漏。

决策有时从经验习惯、性格本能、下意识感觉出发，而往往不受理性控制。同样的形势下，如果是巴顿指挥，可能将是不顾及东线的"疯狂"进攻。

李奇微也有自己的打算："我的下一步计划就是发动一次强大的有限目标进攻，以两个师的兵力在汉城以东强渡汉江，旨在切断敌人的补给线，并包围在西部地区集结的敌部队。原先，我认为，收复汉城在军事上没有什么价值，因为，我感到，背靠一条无法徒涉的河流我们无法进行有效的战斗。但是，麦克阿瑟向我指出了重新使用金浦机场和仁川港的重要价值，认为这样做可以加强我们的空中支援，并能减轻我们在补给上存在的困难。他也认为，汉城几乎毫无军事意义，但他却告诉我，如果我们能重新夺得汉城，便能在精神上和外交上取胜。我接受了他的意见，并将这些建议考虑到我的计划之内。"①

当志愿军第 38 军在汉江南岸进入最艰苦的防御阶段时，梁兴初屡次请求志愿军司令部，要求把位于第 38 军左翼之第 114 师调到汉江南岸参加防御。但是，志愿军司令部考虑到第 114 师要配合第 42 军歼灭骊州之敌，因而没有同意这一请求。

6 时，志愿军第 42 军报告彭德怀、朴一禹、邓华：我已布置（在 2 月）6 日晚攻击九屯之敌，已确知该敌（有）5 个营以上兵力，我已稳重攻歼而采取分割后逐个歼灭。因此兵力均已用上，没有预备队，请令第 66 军先头部队兼程于 6 日夜赶到阳德院里、龙头里一带，以备扩大战果及防止意外。

上午，志愿军司令部决定终止原计划于 2 月 6 日晚向砥平里实施的反击。

11 时 30 分，志愿军第 42 军指示第 126 师：（2 月）6 日夜行动停止，另有部署。

11 时 45 分，第 42 军指示所属各师：由于敌兵力逐渐增加，我部队尚未占到绝对优势，因此志司（命）令暂时停止攻击待命，后撤做好充分准备，

---

① ［美］马修·邦克·李奇微：《朝鲜战争》，军事科学出版社 1983 年版，第 122 页。

等待主力赶到后再行攻击。

志愿军第42军第125师第375团第3营副营长王惠林率第9连及团侦察排守卫阵地。各部有进有退，终因美军火力太强，与美军形成对峙，坚持到2月4日军主力到达。

13时30分，第42军指示第126师：奉志司指示，我军2月6日夜对九屯之敌的攻击动作停止，控制阵地，掩护主力开进，并进行充分准备工作。因此，你师一个团控制退村里以西高地、黑川以北高地及注邑山，并构筑坚固纵深阵地，阻击砥平里敌西进。师主力位于白安里、塔谷间，派一个营于塔谷会岩构筑阵地，阻击由梨浦、曲水进犯之敌；并派侦察部队带炸药与工具于解军山内里一带活动，查明梨浦、曲水里之敌，不断破坏梨浦、曲水里及梨浦、栗村、曲水里道路。请即布置。

第42军又指示工兵团：同意该团在2月8日拂晓前，进至龙头里西南大岱里。

13时30分，第42军指示各师：奉志司指示，2月6日晚对九屯敌攻击动作停止，控制阵地，以掩护主力向龙头里、阳德院里方向集结，并进行攻击准备工作，布置如下：

第125师应控制505.5及387.5高地及下望里、中元德村里一带，并形成火力联系。

第126师应控制注邑山及黑川以北高地，并在塔谷会岩一线构筑阵地，阻砥平里之敌西进及梨浦之敌北进。

第124师集结于松亭、智女里、圣万里、上古论里、儿柴里、上贵良里一带隐蔽集结，进行攻击准备工作。

22时，邓华指挥所召集东集团各军、师长会议，研究东线反击作战问题。在会上，大家经过讨论一致认为："先打横城有利，因为横城敌人比较突出，便于我军分割穿插和迂回包围；砥平里之敌不突出，恰在西线美军和东线南朝鲜军之间，可以得到两翼敌军的迅速增援，不利于我军迅速歼灭敌人。"①

　　选择先打南朝鲜第 8 师和美第 2 师第 9 团的原因在于，它们较美第 2 师第 23 团、法国营、南朝鲜第 3 师突出约 13 公里，便于从其暴露的两翼突击合围。其后续兵力美空降第 187 团在曲桥里，美第 10 军军部、美第 2 师师部及大部分炮兵、坦克均在原州，美第 2 师第 38 团在文幕里，距南朝鲜第 8 师较远。采取突然动作，将志愿军第 39 军、第 40 军及第 66 军 2 个师从 80—130 公里以外地区迅速集结，在开进中仅经过 5—17 个小时准备，发起反突击。

　　当时，美军也确实没有发现志愿军的活动踪迹。"当时估计，在我们的正面有十七万四千中国军队。但是，他们配置在什么地方，有什么企图，甚至在我们的正面是否真的有这些部队存在，这些情况我们都难以确定。我们积极地进行巡逻，不断地实施空中侦察，但是，这一切都未能使我们发现这支庞大军队的踪迹。"②

---

　　① 杨迪：《在志愿军司令部的岁月里：鲜为人知的真情实况》，解放军出版社 1998 年版，第 104 页。

　　② ［美］马修·邦克·李奇微：《朝鲜战争》，军事科学出版社 1983 年版，第 120 页。

第 5 章

烽线之辩：
邓华、韩先楚见仁见智

如果战争中没有冒险，则庸碌之辈也将获得最
高的荣誉。

——拿破仑

1951 年 2 月 7 日　晴转阴

毛泽东就朝鲜战场上轮番作战的兵力编成问题，写信给周恩来并告聂荣臻，指出："在你计划轮番作战兵力时，请将杨得志三个军，西南三个军……杨成武两个军……四十七军……及董其武兵团两个军……编成为第二番作战兵力。而以现任第一番作战兵力中的第十三兵团六个军撤至后方补充休整三个月至四个月（其中五十军、六十六军并同时担任天津、营口线守备，其他四个军位于平壤、沈阳之间休整），改为第三番作战兵力。"

周恩来立即回复毛泽东：第 47 军即编入第二番。董其武兵团即第 23 兵团以编入第三番较有把握，但 4 月中旬可开入朝鲜，先作后方守备任务。二野 3 个军（第 12 军、第 15 军、第 60 军），因陆续到达中，装备需调换，人员需重新调整，自 3 月 1 日开始运送，直达朝鲜为妥。第 47 军以 4 月初入朝鲜为妥。对董其武兵团的人员、武器将予以补充。毛泽东阅后指示"照办"。①

朱德以中国人民解放军总司令名义致电金日成将军，祝贺朝鲜人民军建军节："在朝鲜人民军建军的节日，我敬祝朝鲜人民军与中国人民志愿军继续并肩前进，坚决地击败美帝国主义的侵略军，解放朝鲜全境。"

倾斜的战线

西线战场的天平正在向"联合国军"倾斜。

战势的发展日趋明朗。西线"联合国军"已突破汉江南岸志愿军的防御

---

① 中国军事博物馆：《抗美援朝战争纪事》，解放军出版社 2008 年版，第 87 页。

阵地，由左翼突进。东线双方处于犬牙交错的攻守状态，但是"联合国军"的战场进攻节奏明显加快，意图加强东西两线协同配合，拉平"倾斜"的战线。中朝方面需要抑制这种攻势，使形势的发展回到相对平稳的局面，力求恢复到第三次战役结束时双方的对峙线。

志愿军以西线"空间"进退换取东线"时间"的策略正在经受严峻考验。

"联合国军"已经突破朝鲜人民军第 1 军团及志愿军第 50 军坚守的防御阵地。汉江南岸能利用的机动防御空间更加狭小。

背江而阵，历来都是兵家大忌。由于天气转暖，冰封的汉江开始逐渐解冻。部署过多的部队于江汉南岸，危险渐增。

在此情况下，志愿军司令部决定朝鲜人民军第 1 军团和志愿军第 50 军留少部分部队继续坚守汉江南岸桥头阵地外，主力撤至汉江北岸组织防御。同时，为分割东、西线"联合国军"的攻势，保证东线出击部队侧翼安全，确保预定作战方案的实现，志愿军第 38 军仍留在汉江南岸，坚守武甲山、莺子峰、杜陵里等阵地，掩护东线第 42 军侧翼安全。

东线的南朝鲜军急速冒进，从东面直逼志愿军集结地域龙头里。

同时，美国空军对龙头里地域的攻击也不断加强，"远东空军在韩国东北地域查明敌军大规模移动部队，便命令第 5 航空队从 2 月 7 日开始连续几天，对此地域集中实施空中攻击"。[1]

美第 2 师第 9 团进至金谷里以南，与占领静冰亭、新岱的南朝鲜第 8 师第 10 团、第 21 团遥相呼应，形成钳击龙头里的态势。

在龙头里及横城西北之间的 770、800、579.2 高地形成绵延数十里的峡谷地带，是横城通往杨平、汉城的咽喉要道，不可避免地成为双方争夺的

----

① 《韩国战争史》第 5 卷下，军事科学院战史研究部 1986 年出版，第 52 页。

焦点。

早晨，志愿军第42军第124师第372团第2营第5连2个排，在歼灭南朝鲜第8师第10团1个班后抢占770高地。第5连以1个排占领473高地，支援770高地防御作战。尔后，南朝鲜第8师第10团，以1个营兵力在强大炮火支援下，发动多次攻击，于18时占领770高地。随后，志愿军第372团4个连与第370团1个营，在师、团炮火支援下毙伤南朝鲜军110余人，于19时左右重新夺回770高地。志愿军第372团第3营第9连占领800高地。第371团占领559.5高地。第370团主力作为师预备队，隐蔽在横城以南儿柴里地区机动。

志愿军第125师第375团占领505.5高地、黄巨北山、411.9高地一线，第373团占领没云岘，阻击美第2师第9团。

10时30分，志愿军第42军指示第126师：敌常常以小部队附坦克两三辆作试探性攻击，当晚返回或就地做工事，尔后主力向主要方向跃进。为此，坚守阵地的部队对其进攻之小部队，必须给以重大杀伤，以小部队从翼侧出击，将敌抓在我阵地前沿，并拖延其归回时间。于黄昏后组织好火力（强调集中、猛烈）与突击队（精干）坚决消灭之，或预先以精干部队设伏更好。如能争取在总攻前歼灭其一两个进犯小部队，对我总攻最有利。请研究布置打掉七星花田里之敌，如此对我坚守阵地有利，估计江北之美第24师部队可能配合其于南岸之敌攻杨平。应作充分准备，以保证主力集结。

12时30分，志愿军第42军向邓华指挥所报告情况：原州之敌伪第10团进至静水亭，琴岱里之敌附坦克10余辆进至榆昆里。新坪里之敌美第2师第9团搜索部队，于昨黄昏进至石花村，为我第371团警戒部队击退。判断敌为配合砥平里之敌，企图夺取龙头里、阳德院里，因此在下加里、下高松、上桂良、上物安里及上物安里北之579高地、圣智峰高地一线阻击敌之前进，以保证主力赶来。由于歼敌作战很有利，建议第39军、第40军、第60军应迅速赶来。

13 时，志愿军第 42 军指示第 126 师：伪第 10 团在 2 月 6 日夜进至静水亭，与我第 372 团作战中。美第 9 团一部由原州经龟尾洞进至石花村，被我第 371 团击溃。砥平里敌千余，进至上高松，分三路北犯上高松以北高地，与我第 375 团作战中。进至洗月里之敌，被第 38 军击溃。你正面之敌估计系钳制性的作战，你师除按昨天作战布置坚守阵地外，以一个团进至延寿里、间村里准备参加作战。

东线的形势发展显然超出了志愿军的估计。如果失掉龙头里，就意味着志愿军东线反击的枢纽将不复存在。

紧张的防御形势，迫切需要彭德怀迅速拿出破解方案。

此时，东线冒进的横城之敌，还没有与砥平里方向之敌聚拢。

利弊权衡

"先打弱敌，后打强敌"是中国人民解放军作战思想的重要精髓与作战原则，是对付分进合击之敌的传统套路。彭德怀、刘伯承在作战实践中，都擅长围绕弱敌寻找"打点"。"攻其强者弱者亦强，攻其弱者强者亦弱"，就是在作战过程中选择强弱目标的经典之谈。当年在抗日战争、解放战争中曾经历无数战火的志愿军指挥员，都有战场上成功的经验。

选择砥平里方向之敌，还是横城方向之敌？

从整个战场形势来看，处于东线平行位置上的砥平里、横城都是向原州方向进攻的战役要地。砥平里基本上靠近邓华集团与韩先楚集团的战场分界线，西侧与志愿军第 38 军的防守区域相邻。砥平里形势的此消彼长，对稳定西线防御、确保东线进攻集团向原州纵深方向发展，都有着非同小可的意义，无疑是一个兼顾东西两线、攻守皆重的咽喉要点。相比较而言，在砥平里东侧近 40 公里的横城，对西线防御的影响要弱得多。但是，由于横城位于原州以北仅 20 余公里处，它对原州方向进攻的成败也可以发挥作用。

第四次战役从性质上说是被动防御作战，选择进攻砥平里，对整个防线来说意义更大，对美军的进攻是重要威慑，但志愿军是否能长期防御固守是比较成疑问的。攻打横城可以获得现实利益，也确实存在着对整体防线稳定照顾不够的问题。

此外，作战地域的地理环境，也始终对作战目标的选择与作战进程产生着影响。在前几次战役中，因为道路条件的制约，志愿军行军中堵塞、交错导致的队形拥挤、时间延误、走错道路、掉队失去联络等现象比较普遍。

作战区域的道路有限，直接影响着志愿军的推进速度。

如果志愿军攻取横城后，向原州方向推进，主要的行军路线包括标号为第 29 的原横公路以及下列 6 条乡村道路：

横城—桥项里—立岩—佳潭里—水流岩—才三里—润浦—介田里—玉山里—大德里—墨垡，进入原横公路。

横城—桥项里—立岩—佳潭里—水流岩—才三里—润浦—介田里—玉山里—平川—珠山里—泽洞—老岘，进入原横公路。

横城—桥项里—立岩—佳潭里—水流岩—才三里—润浦—介田里—玉山里—平川—珠山里—中方—新村—牛山里—台庄，进入原横公路。

横城—桥项里—立岩—佳潭里—水流岩—才三里—润浦—介田里—玉山里—平川—珠山里—中方—新村—牛山里—台庄，进入原横公路。

横城—桥项里—立岩—佳潭里—水流岩—才三里—润浦—介田里—玉山里—上长浦—茂长里—古吕垡—道五介—堂岘—敬庄里，进入原文公路（三级）。

横城—桥项里—立岩—佳潭里—水流岩—才三里—润浦—介田里—玉山

里—上长浦—茂长里—古吕垡—间茂谷—楼山—旦勉里，进入原文公路。

由于美军拥有绝对制空权，志愿军即便夺取原横公路，也难以有效利用，白天根本不可能行军通过。这就使得志愿军能够有效利用的仅有 6 条乡村道路，每条长 22—25 公里。但是，这 6 条乡村道路从横城到玉山里全是重复路段，又影响了同时行军的部队数量。

志愿军师级单位 1 路行军纵队即达 30—40 公里，师与师之间的距离通常应保持在 10—20 公里，行军时速为 2.5—3.5 公里。按此标准，在没有美军干扰的情况下，志愿军理想的行军状态是：从横城到原州方向，每天最多可以有 1 个师的作战力量到达作战区域。

这也就是说，志愿军在完成横城地区作战后，如果要在原州地区实现参战部队的全部重新集结、进行作战部署，至少要 5—6 天。这意味着，在横城地区战斗行动与原州地区战斗行动间，将自然地出现 5—6 天的停顿。在此期间，美军完全可以在原州地区相当从容地重新调整部署，缝合已经撕开的防线。此外，即便志愿军可以进行充分隐蔽，不受美国空军火力干扰，志愿军脆弱不堪的后勤补给也将对部队作战能力造成重创，难以再次实施战斗。

若不如此，在先行到达原州地区的志愿军部队已经完成作战部署，准备投入战斗时，大部分作战部队仍然在路上匆匆忙忙地行军，赶往原州。这就出现先到的部队先打、后到的部队逐渐投入战斗的"添油"局面，无法集中优势兵力，实行歼灭战，而只能使得有限的作战力量逐渐消耗殆尽。

如果选择攻打砥平里，从道路网的状态上看，在龙头里、砥平里地区实施作战后，志愿军南下的道路还是比较顺畅的，至少有以下 5 条交叉性较少的乡村道路：

龙头里—立岩里—高松里—茂旺里—琴洞里—注岩里—石隅里—龙山—内龙里—外龙里，南行后进入原文公路。

龙头里—立岩里—高松里—茂旺里—琴洞里—注岩里—石隅里—五今里，

南行后进入原文公路。

广滩里—山岘—校村—发里—曲水里—草岘里—鹅村—后浦里，南行后进入原文公路。

多文里—田谷—花田里—仓村—道里—元通谷—内杨里，南行后进入原文公路。

会岩—新村—江村—上紫浦里—内杨里—堂村里，南行后进入原文公路。

这5条乡村道路可以同时通过5个师，这就意味着，志愿军在完成砥平里战斗后，基本上可以不用停顿，即可投入下一场战斗。

显然，由于地理环境的因素，志愿军如果先攻取砥平里，对实施下一阶段作战行动还是比较有利的。

美国公开史料评论说："砥平里的攻防是决定敌人（指中朝联军——引者注）二月攻势成败的关键"，甚至指出："如果砥平里陷落，第8集团军将全线陷入崩溃"。

围绕砥平里、横城之争的决策方案，是一个逐渐演变的过程，经过志愿军统帅层、前线指挥员相互间多次斟酌、反复酝酿后形成。

彭德怀详述了在横城、砥平里之间进行选择的利益得失，希望通过征求意见，以广纳善见、汇集众智，形成最佳作战方案。

14时，彭德怀致电邓华并有关各军及韩先楚和第38军，就围歼砥平里、广滩里之敌的作战方案征求意见：

一、如三十九军、四十军能按预定地点集结，协同六十六军及（朝鲜人民军）五、三军团东西夹击南朝鲜军第五、八两师似较有利。

二、如美二十三团、法国营及二十一团六营（共五个营）等先后占广滩里、龙头里，似宜先集中三十九、四十二军消灭该敌，再打南朝鲜军第五、八两师，或者以四十军、六十六军、三、五军团同时打南朝鲜军第五、八师。

三、美二十三团先占广滩里、龙头里，我三十九军不能按预定地点集结，即以四十军主力及四十二军、三十九军全部首先歼灭进占广滩里、龙头里之美二十三团。究以何者为好，望各军速考虑电复。①

战争无非是一场与对手在死亡线上周旋的游戏。

战争的细节在历史学家笔下总是处于情理之中，而对当事人来说，一切都处在迷惘之中，远超过正常的理智与情感所能接受的范围。

迷惘的散去，需要冒险与意志。

在需要冒险的事业中，只有意志能为战争的参与者所掌控。鲁登道夫在回忆录中曾说：将军要能负重，要有坚强精神。文人们往往以为战争好像数学问题，不过是由已知求未知而已，实际上完全不对。在战争中物质和心理力量交织在一起，双方搏斗而数量劣势的方面尤为困难。战争包括着许多人，其个性和观点都不一致，其中唯一已知常数即为将军的意志。

利弊得失难以权衡，彭德怀陷入少有的纠结、煎熬与反复之中。波澜壮阔的战争生涯里，彭德怀也出现了从未有过的犹豫。摆在眼前的困难，不容身为统帅的彭德怀有半点闪失，需要拿出万全之策。在彭德怀辉煌的军事生涯中，1951 年 2 月 7 日、2 月 8 日、2 月 9 日、2 月 10 日、2 月 11 日，注定要凿下地老天荒般难以磨灭的印痕。

风格有别

1951 年 2 月 8 日　晴

西线方向，美第 1 军继续向汉江以北推进。

---

① 王焰主编：《彭德怀年谱》，人民出版社 1998 年版，第 473 页。

4时，志愿军第42军向志愿军司令部及各军通报敌情：2月7日，砥平里、草旺里方向之敌分三路，在飞机、坦克掩护下，向第125师第375团下高里等阵地攻击均被击退。横城方向之敌，美第17团，伪第21团、第16团在飞机、坦克掩护下攻占丰水院，圣智峰780、800、721高地。第124师在2月7日17时开始反击，击溃敌一个营。曲水里之敌向第126师阵地注邑山（攻击）未逞而退回。估计2月8日，敌可能全线展开猛烈进攻，各部应做充分准备，坚决守住阵地、击退敌人，注意互相策应。

第42军指示所属各部：敌向我各阵地进攻均被我击退，但除九屯、砥平里之敌外，东路伪第8师及美军一部，已与第124师在圣智峰、丰水院战斗，南路敌已进占石谷（石隅南5公里），可能是美第2师第9团，估计今8日敌可能全面大举进攻。要求第124师占领伪第8师位于丰水院附近的高地。第125师第373团击退向广滩里进攻的砥平里之敌。第126师做好充分的战斗准备。在敌攻击第125师阵地时，第126师应积极支援、策应，击退向注邑山进攻的曲水里之敌。

第42军还指示第124师：高地位置极端重要，必须坚决夺回，并要做连续突击与反突击准备。军里组成两个炮团的强大火力支援。[①]

晨，志愿军第40军第120师已进至阳德院里以东及以南地区。

南朝鲜第8师1个团，在30余门105毫米榴弹炮、4架飞机支援下，向579.2、770、800高地发起猛烈攻击。在770高地防御战中，志愿军第42军第124师第372团第5连先后击退南朝鲜军2个营3路10余次进攻，由于损伤过多，在12时被迫撤出战斗。579.2、800高地也相继失守。

"10时至14时，第38军、第42军、韩先楚、邓华先后回电，表明了各

---

① 苏克之、汤从列：《八千里路云和月》，解放军出版社2001年版，第274页。

自的意见，但仁者见仁、智者见智，主张各异。"①

韩先楚主张先打砥平里，邓华主张先打横城。

志愿军副司令员邓华、韩先楚之间的分歧，对彭德怀的决策过程产生了重要影响。

倘若是一般指挥员的建议、看法，彭德怀或许也不会如此重视，难以抉择。邓华、韩先楚的见解却不能不让彭德怀仔细考虑、反复斟酌。

"东南财赋，西北甲兵"、"东南出相，西北出将"，历来西北地区都是中国名将辈出之地，但解放军中涌现出的众多战将改变了这一名将分布图，东南地区也是战将辈出。

在志愿军决策层中，邓华与韩先楚可谓是双峰并峙。这两个人都属于战功显赫，作战经验丰富，指挥能力突出，战场洞察力深刻，捕捉战机敏锐，完全能担当方面军重任的将领。然而，彼此之间在个人性格、作战风格上完全迥异。

邓华，属于高级指挥员中少有的战术素养好、"用脑子打仗"的指挥员，这也是解放军第四野战军极力推崇、宣传的类型。在作战指挥上，权谋达变、剑走偏锋非邓华之所长，但他细心精微，讲究战术纪律，战场组织协调有序，喜欢慎重稳妥的作战路数，在一些经典的作战中，体现得淋漓尽致。如 1947 年"三战四平"时，邓华向东北民主联军司令部建议，应该及时调整作战兵力，加强攻城力量，避免出现相持不下的局面。1948 年平津战役时，邓华又对先取塘沽的作战方案提出建议，改为直取天津城。按照解放战争时期东北民主联军司令部对所属各纵队的评价，邓华指挥的第 7 纵队还不能进入主力序列。但是 1949 年 5 月，在第四野战军进行体制调整、成立兵团建制时，邓

---

① 军事科学院军事历史研究部：《抗美援朝战争史》第 2 卷，军事科学出版社 2000 年版，第 233 页。

华已然得以被提升为第 15 兵团司令员。

解放战争的硝烟刚刚散尽时，在能征善战的高级将领比比皆是的优秀群体中，邓华能够脱颖而出担任兵团司令员，再次证明他的指挥能力得到普遍认可。

在抗美援朝战争中，面对从未交战过的陌生对手，志愿军能够深刻洞察对手的弱点，做到胜在敌先，很快地适应战争，关键就是在战术变化上比美军强。在志愿军战术风格的形成、发展上，邓华功不可没，发挥了重要作用。邓华关于美军战术的研究、对于志愿军战术经验的总结，至今读来仍然是光芒四射，真知灼见催人深思，算得上是经典性篇章。例如，1950 年 8 月 13 日，邓华指出："实行大胆勇敢的渗透战术，选择敌人的弱点，从敌人的翼侧或侧后插至敌人的心脏，首先将敌后方联络截断，尔后分割和包围敌人，一一歼灭之。一般的敌人防御正面布置是较严密的，尤其是美国鬼子火力组织较好，从正面攻击，不容易奏效，而美国鬼子最怕的则是联络截断，被人包围。""充分发扬近战"、"发扬夜战"。① 邓华的这些战术见解，在志愿军前三次战役中都得到了比较充分的体现。相反，"联合国军"在前三次战役中的被动，也与美军战场指挥员战术上的盲目性有极大关系。这也可以看出中美双方高级指挥员的差距。

对重大战略问题的判断能力，往往是衡量高级指挥员的重要标志。1950 年 8 月，邓华和洪学智、解方联名上报中共中央。关于朝鲜战争的发展形势，他们认为："美帝正努力坚守大邱（丘）、釜山地区，并以局部反击来巩固其滩头阵地，争取时间等待援兵到来再行反攻；另一方面，北朝鲜人民军各个击破和歼灭敌人的机会已成过去。""估计敌人将来反攻的意图，可能为以一部兵力在北朝鲜沿海侧后几处登陆，作扰乱牵制，其主力则于现地由南而北

---

① 邓华在沈阳军事会议上的讲话，1950 年 8 月 13 日。

沿主要铁道公路逐步推进。一为以一小部兵力于现地与我周旋，抓住人民军，其主力则在我侧后（平壤或汉城地区）大举登陆，前后夹击，如此人民军的处境会很困难的。"①

正如当时任志愿军司令部作战处副处长的杨迪所说："彭总对邓华是很器重的，重要的作战会议与主要方向的作战，都委派邓华代表他主持或指挥。第一次战役结束后，志司召开的作战会议，即由邓华做主报告。第二次战役后，彭总决定在 38 军军部召开西线各军军长参加的作战会议，志司已有韩先楚副司令在 38 军，但彭总仍委派邓华代表他主持召开这次会议。"②

韩先楚，出身草根，是革命队伍中的"好战分子"，绝对算得上人民解放军高级将领中的"异类"。他具有鬼斧神工般的军事才华，喜欢剑走偏锋，经常在胜利与失败的边缘游走，乐于冒险，善打恶仗、硬仗。

将军生来为战。韩先楚的情感、思想在战场上总能迸发出最耀眼的光芒，选择的"打点"、构思的作战方案，常常是出人意料，充满风险与挑战。他与第二野战军第 6 纵队司令员王近山、第三野战军第 6 纵队司令员王必成、第四野战军第 2 纵队第 5 师师长钟伟，都属于相同类型的战将。

韩先楚身上有一种独特的机断专行气质。第四野战军对机断专行有过比较经典的评价："在不妨碍上级整个意图时，应当机断专行，机断专行有积极的与消极的两种。我们要的是积极的机断专行，站在歼灭敌人的总意图上，站在革命立场上，在不妨碍整个部队协同动作的条件下，去灵活处理情况。这种机断专行是革命军队的本质。"③

韩先楚指挥作战的精神气质上"破坏力"强，极具"颠覆性"，没有丝毫的谨小慎微，极少按常规的路数来办，可以说在胆识、决断、谋略、感觉

---

① 《志愿军第一任参谋长解方将军》上，军事科学出版社 1997 年版，第 94 页。
② 转引自林源森：《震撼世界的一千天》，中国社会科学出版社 2003 年版，第 23 页。
③ 中国人民解放政治学院图书馆：《四野文电选第一辑》，第 119 页。

上都是一流水准，创造了解放军战史上不少经典战例。

在对战场形势的准确把握上，韩先楚的眼光非常独到、敏锐，往往能窥破先机，体现出很强的洞察力。

1936年红军西征途中，在先头师攻打盐池、定边两城未克的情况下，当时任红78师师长的韩先楚敢于违命出击，机断专行，周密部署，勇猛攻击，率部顺利地攻克两城。1946年10月，于新开岭围歼国民党军整编第25师的战斗中，在国民党军援军将至、围歼战斗陷入僵持局面、形势不明的关键时刻，韩先楚有胆有识，绝无后来林彪在"三战四平"时优柔寡断的做派，而是敢于坚持打下去，最后首创东北战场全歼国民党军1个整编师的范例，受到中共中央军委、毛泽东主席和东北民主联军总部的嘉奖。

在把对手逼到绝境时，韩先楚也把自己置于悬崖边缘。正因如此，韩先楚留下不少情节惊险、扣人心弦的战争篇章。

1947年3月的"四保临江"战役中，韩先楚指挥的全歼国民党军第13军第89师之"柳南大捷"，与粟裕在孟良崮之战中全歼第74师非常相似。当时的形势是国民党军集中11个师分四路向临江出击，中路国民党军第13军第89师、第54师第162团被东北民主联军三纵、四纵阻击于柳河、三源浦以南地区，国民党军新6军第22师被阻击于湾口镇地区。辽东军区命令三、四两个纵队集中研究并上报作战方案。在作战方案制定过程中，主要意见之一认为国民党军第89师与第22师靠得比较近，东北民主联军参加围歼作战的兵力不足，与国民党军对比，优势不大，易打成僵持、胶着状态，应持重待机。应该说，这种意见完全符合林彪在四野提倡的作战指导思想，即要以绝对优势兵力打小歼灭战。但是，韩先楚力排众议，认为国民党军第89师对南满地区的地形、人情不熟悉，骄傲轻敌，坚持要歼灭该敌。最后，辽东军区批准韩先楚的作战建议，由时任四纵副司令员的韩先楚统一指挥三、四两纵队作战，结果全歼国民党军第89师。

1950 年 4 月的海南战役，如果按照林彪的原定计划，需要准备"五六个月时间才能完成"，要到香港、澳门购买登陆艇和改装机器船后再进行。而韩先楚坚持早打，利用木船去解放海南岛。最后的战争进程与韩先楚的战前判断完全相同。

指挥风格，作为战将们长期战争经验积淀、理性升华的产物，比较深刻地反映了个性化的思维习惯、价值取向等特点。指挥风格上的差异，往往导致在战场目标选择、作战组织实施上出现比较大的差别。此外，时间紧迫也是影响作战决策的重要因素：时间不足除了能够使观察不全面外，还对思考活动发生影响。通过比较、权衡、批判进行的判断可能不如纯粹的机智，即已成为习惯的随机应变的判断力所起的作用大。这一点我们是必须看到的。因此，在战争史上经常出现不同指挥员在面临相同战争形势时，作出的判断不尽相同，很难用绝对统一的标准来得出"高下"之别的结论，而只能用相对的"合理性"来鉴别。

邓华与韩先楚在指挥风格上面貌各异，因此究竟选择横城还是砥平里作为攻击目标，就会有不同的判断。

在考虑先攻击横城，还是先攻砥平里时，邓华主要是力求稳妥，认为歼灭横城之敌不仅比较容易，同时，也便于实现向原州方向发展，符合既定的决策意图。

从志愿军入朝作战伊始，中共中央在作战指导方针上的基本意图可以概括为"歼灭有生力量为主，不计一时一地之得失；歼灭韩伪作战力量为主，尽力争取歼灭侵朝美军"，通过歼灭"联合国军"的有生力量而迫使对手退却。这种作战意图在前三次战役中，比较好地得到实现与贯彻。尤其是，南朝鲜军队战斗力弱，已经成为"联合国军"作战链条上的薄弱环节与死穴。

通过在局部集中优势兵力歼灭南朝鲜军队，可以造成"联合国军"防御上出现雪崩式溃退效应。因此，当处于横城的南朝鲜第 8 师突出孤立，而砥

平里的美军第 23 团固守防御时，"两利相权取其重"，选择横城之敌作为首先
攻击目标，无疑符合当时的战场态势与抗美援朝战争的一般作战规律。

但是，由于东、西线两个方向"口张得太大"，而使得东线的进攻作战与
西线的防御作战很难发挥战役意义上的协同效果，多少有力量分散之嫌，相
当于同时进行两个缺乏内部关联的局部性战斗。

韩先楚主要的立足点不在于孤立地考虑何处之敌易歼，而是要缩小东、
西线作战方向之间的距离，把"口张得小点"，使东、西两线作战更密切地形
成整体。事实上，是对毛泽东提出的作战方案进行了调整，将作战重心整体
上向西进行了转移。

1951 年 2 月 8 日 14 时 30 分，志愿军第 42 军指示第 126 师：敌企图夺取
阳德院里、龙头里地区。为便于后续作战行动，志司决定第 39 军集结于杨平
以东、以西地区，要求第 116 师驻于第 126 师现地位置。

15 时，第 42 军向志愿军司令部建议：敌有两个团兵力分别向圣智峰南
780 高地、800 高地及丰水院以西、以南、以北连续进攻，对第 124 师压力很
大，建议第 66 军迅速进至上茶峰里以北地区，歼灭上茶峰里西北高地之敌，
以保证第 124 师侧后安全。

15 时 30 分，第 42 军指示第 126 师：调整阵地部署，便于第 39 军第 116
师进驻；同时，要求第 126 师第 377 团、第 378 团坚守原阵地不变。

16 时 30 分，志愿军司令部命令各军：加速集结兵力，准备在 2 月 10 日
晚向横城地区之敌发起攻击，至迟 11 日晚。如 11 日晚还不能发起攻势，将
失去战机，于我军不利。根据目前情况须集中 3 个军主力，首先消灭砥平里
附近地区之敌为有利。

18 时，第 42 军指示第 126 师：由于横城之敌对第 124 师正面压力很大，
决定抽调第 125 师 1 个团到儿柴里（龙头里东），第 126 师第 376 团今夜应赶
至金谷里、曹佐里一线以西第 125 师第 374 团的阵地进行支援。

23 时，第 42 军第 124 师师长苏克之、政委汤从列，指挥第 371 团第 1 营、第 2 营，第 372 团第 1 营、第 3 营及第 2 营第 6 连，在军、师、团炮火及 200 多挺轻、重机枪扫射掩护下，到 2 月 9 日 1 时 30 分，先后将 579.2、770、800 高地收复，毙伤南朝鲜军 300 余人，缴获机枪 2 挺、步枪 40 支。志愿军伤亡 150 余人。

彭德怀致电邓华、韩先楚、金雄并志愿军各军："砥平里之敌已占广滩里、横城之敌正积极西犯、北犯中。四十二军任务是掩护三十九、四十军集结，该军主力应位于洪川、广滩里公路以北。六十六军主力应进至上茶峰里、阳德院里、上五里地区。除（第 66 军第）一九八师于上茶峰里一带阻击敌人外，另应以一个团扼守阳德院里到洪川公路口子至为紧要。四十军集结地区改为花田里、盘谷里地区；三十九军集结地区改为新店里、石山里、墨安里地区。望各军依此具体部署与四十二军直接联络。四十二军应将当面情况及时通报各军，并切实研究战役部署，待邓华同志到达后提供参考。"①

彭德怀决定首攻砥平里，致电志愿军第 42 军、第 39 军、第 40 军及第 66 军："（第 42 军第）一二四师昨（7）日击溃敌军后，夺回圣智峰，隔断横城与广滩里之敌联系，望该师继续加强纵深工事，坚决抗击由横城西进之敌。六十六军应有一部进至上榆沟与一二四师取得联络，并向东构筑纵深工事，确保阳德院里、洪川之主要交通道路。各军应加快速度集结兵力，准备 10 日晚攻击，至迟 11 日晚攻击，否则横城、广滩、砥平之敌将靠拢。五十军和（朝鲜人民军第）一军团主力 7 日晚已撤至汉江北岸，虽有两个团控制南岸桥头堡，作用已减少。该方敌之主力将转向三十八军攻击，或向南汉江转移。我主力如 11 日晚还不能发起攻势，将失去战机，对我军不利。根据目前情况，须集中三个军主力，首先歼灭砥平里附近地区之敌为有利。请邓华同志

---

① 王焰主编：《彭德怀年谱》，人民出版社 1998 年版，第 473—474 页。

速与四十二军司令部靠拢，以便与各军取得联系。具体部署请邓速决速告。"①

西线志愿军第 38 军独撑的局面难以持久，迫切需要在东线尽快给予"联合国军"强有力的打击。

23 时，彭德怀致电邓华、金雄、韩先楚集团并志愿军、朝鲜人民军各军首长："经再三考虑，对东线出击作战有如下意见：

一、砥平里地区据已知敌为美、法军约八九个营。如我攻击该敌，一昼夜不能解决战斗，则利川、原州等地美、英、南朝鲜军均可来援。南朝鲜军第五师、八师与美空降一八七团亦会策应。如我两昼夜还不能解决战斗，则水原方向之美一、九两军亦可能东援。这样如万一吃不下，打成消耗仗，甚至洪川至龟头里公路被敌控制，则我将处于极为不利的情况，这一着必须充分估计到。

二、横城东西地区敌人数量较多，我可集中三十九、四十、六十六军及（朝鲜人民军第）二、五两军团的兵力，把敌人打乱的把握较大。如攻击得手，再向原州以南扩张战果，可能将敌整个部署打乱；万一不利，我亦可控制洪川枢纽地区，有利我尔后作战。另三十八军应抽出三个团攻击梨浦之敌，箝制美二十四师东援。前电先打砥平里，此电先打横城附近之敌，请邓（华）、金（雄）、韩（先楚）依情况部署之。"②

彭德怀改变了首攻砥平里的计划，将横城作为用兵的重点方向。

局部兵力对比要求先打横城，全局形势要求先打砥平里。

彭德怀在局部与全局之间徘徊。

---

① 王焰主编：《彭德怀年谱》，人民出版社 1998 年版，第 474 页。
② 王焰主编：《彭德怀年谱》，人民出版社 1998 年版，第 474—475 页。

第 6 章

千钧难断：
风险与诱惑交织的砥平里

战争不是一张张带有红、蓝箭头和矩形框的地图，而是一群疲惫、干渴、脚底肿痛、肩膀酸痛的士兵，而且他们不知自己身处何方。

——乔治·麦克唐纳·弗雷泽

彭德怀是抗美援朝战场的最高统帅，具有最终的决断权。

定下作战决心，既需要对双方实力的清醒认识，更需要有胆略、勇气、意志。在高级指挥员层次，纯粹理性意义上的战场认知能力的差距并不大，差距的关键在于战场感觉的优劣、高低。在战争决策过程中，统帅最初的直觉就是"胜负感"。《孙子兵法》强调知己知彼、筹划庙算、先胜而后求战等，就是要解决胜负判断的问题。胜负感实际上是以双方作战力量为基础，依据长期作战实践经验，对战争"打与不打"进行判断的第一感觉。

艰难抉择

1951年2月9日　雪

6时，美军集中4个师兵力向志愿军第38军阵地展开全面进攻。"每一阵地我均与敌反复争夺，多者达5—6次，敌人火力也异常猛烈，我们一夜修筑的工事，一个小时内即被敌摧毁，部队只能依据地形与敌人拼死周旋。"[①] 战斗尤其以志愿军第38军第112师第334团武甲山阵地、第113师第339团莺子峰阵地、第114师350.3高地最为激烈。

志愿军司令部、志愿军政治部发出嘉奖令："我38军113师339团2营及8连，八、九两日坚守莺子峰一带阵地，连日击退敌在飞机、大炮掩护下的轮番猛攻，最后因伤亡过重，阵地被敌占领，该营组织了现有的26人，趁着云雾掩护，以突然勇猛的动作，向敌1营出击，打退了敌人，夺回了阵地，毙伤敌30余，缴重机枪3、轻机枪4、卡宾枪10、火箭筒1、无线电话5。这种顽强守备机动勇猛的反击，值得各部学习，特通报表扬。"

---

① 刘西元：《我与三十八军在朝鲜》，《百年潮》2001年第3期。

志愿军第 39 军进至砥平里以北。第 40 军第 120 师进至阳德院里以东。第 42 军第 124 师坚守圣才里、丰水院阵地，第 125 师与美第 2 师第 23 团 5 个营兵力进行正面交锋，第 126 师击退攻击注邑山之敌。第 66 军进至上茶峰里以北。

8 时，南朝鲜第 8 师再次向 579.2、770、800 高地发动进攻。在 30 余门火炮、10 余架飞机火力的支援下，南朝鲜第 8 师以 2 个营的兵力向 770 高地发动攻击。防守该高地的志愿军第 42 军第 124 师第 372 团第 1 营第 1 连，采取近战方式，以短促火力连续 7 次向进攻之敌进行反击。战至最后，第 1 连仅剩 10 余人而被迫放弃 770 高地，但 579.2、800 高地仍为第 372 团所控制。随后，第 124 师调整部署，以第 371 团接替第 372 团防守 579.2 高地、丰水院北山阵地，并以 1 个排的兵力控制 473 高地。

根据 1951 年 2 月 8 日 23 时彭德怀的指示，邓华决定集中第 40 军、第 66 军全部，第 42 军主力及第 39 军 1 个师，共 9 个师，歼灭横城以北地区的南朝鲜第 8 师和美军 1 个团，要求各部于 2 月 10 日前集结完毕，在 2 月 11 日 17 时发起攻击。

邓华指示各军：

此次战役，我军集中九个师的绝对优势兵力，以层层切断分割围歼横城及其以北地区之敌军四个团（美军一个团，伪军一个师），根据客观情况，我们是完全有把握取得全胜的。关键则在于六十六军主力迅速进至横城以南断敌退路和四十二军主力将伪八师向横城逃窜的退路截断，及四十军和（第 66 军第）一九八师亦应以勇猛动作从正面侧面同时各个分割歼灭敌人，以求得速战速决，连续扩大攻势。为此，在战役上宜特别注意以下几点：

（1）除四十二军情况较熟悉外，其他各军均才赶到，对地形、敌情均不明了，对作战是有直接影响的。各部必须抓紧时间，迅速查明当面敌人分布、火力配置及工事建设情况，选好当前攻击目标及向纵深穿插道路与调整自己的兵力、火力等，以便战斗发起后能更顺利发展。

（2）不论在战役上战术上均应将敌分割，集中优势兵力迅速各个歼灭敌人，组织向敌攻击时必须选择在敌人的侧后或接合部，担任迂回各部，应不顾沿途敌军阻击（以少数兵力、火力驱逐或监视之）主力迅速向预定目标猛攻，才能截住敌人。

（3）必须特别注意各种火器的组织使用，绝对争取局部的和短促火力优势，掩护我步兵攻击。一般的从正面攻击的部队，必须将（各）军的野榴炮参战配合。迂回部队亦应设法携带山炮及很好的组织团炮兵火力直接支援步兵。

（4）要有充分的白天作战的准备，估计一个晚上不能解决战斗，必要的情况下，白天必须作战（与敌交错混战下，敌机亦不易辨识），才能迅速彻底歼灭敌人。

（5）现在敌人已注意对制高点山头的攻夺，我各攻击部队，抢占制高点后，以少数兵力控制并迅速构筑简单工事，随时准备打击敌人的反扑。

（6）各部应组织精干小部队，插入敌人阵地后方，专门打敌人炮兵阵地，以侦察队深入敌后破（击）交（通线）袭敌。①

邓华发出的指示细致周全，对战术上的要求也丝毫不放松，这是邓华多年来养成的指挥风格。

14时，志愿军第 66 军对反击行动作出部署：

第 196 师于 2 月 11 日 17 时由新村向横城东南之德高山、曲桥里实施攻击，切断横城之敌南逃退路。

---

① 军事科学院军事历史研究部：《抗美援朝战争史》第 2 卷，军事科学出版社 2000 年版，第 234—235 页。

第197师由阳德院里行军至直谷、里海地区，尔后向横城东北红桃山、国土峰等地区攻击，截断敌由北向南逃脱的道路。

第198师在坚守五音山阵地的同时，师主力攻歼草塘地区之敌。

18时30分，志愿军第42军指示第126师：美第2师第23团、第9团2个营及法国营在第125师正面。南朝鲜第8师、美第17团及炮兵部队对第124师的压力很大。经3天激战，第124师、第125师伤亡很重。为减轻两师压力，要求第126师向砥平里、茂村、望美里之敌实施侧后攻击。第126师第376团应与第125师第374团取得密切联系，加强协同动作。

对砥平里方向的攻击无疑有更高的风险，但是，战争的性质根本不允许人们经常看清楚前进路上的一切，在战争中不冒险就将一事无成。风险与未知是战争的天性，以战争为职业，就必须时刻与危险、失败为伴。胜利之光总是被战场上充斥着的失误、危机、未知等因素所遮掩，若明若显。这是一种心灵的煎熬与升华。

彭德怀在精神气质上与韩先楚略同，都喜欢冒险犯难。

彭德怀再次选择砥平里。

21时，彭德怀致电邓华、金雄、韩先楚并报中央军委、柴军武转金日成：

一、美第一、第九两军四个师，英、土三个旅及南朝鲜军第一、六两师沿南汉江左岸至西海岸向我三十八军、五十军、人民军第一军团汉江南岸阵地攻击，经我十五天坚决英勇抗击与反击，敌有大量消耗，攻势减弱。美二师、七师、空降部队、法国营和南朝鲜军第五、八两师，企图沿南汉江右岸及原州地区向洪川、阳德院里、龟头里、杨平线攻击，威胁我正面部队之侧翼，已被我四十二军及人民军二、五两军团阻止于砥平里、上茶峰里线，企图未逞。

二、我为集中主力各个击破敌人，部署如下：（一）邓华集团首先歼灭进至砥平里、广滩里地区之敌美二师二十三团，法、荷（兰）各一营。

三十九军主力应由砥平里西北之多文里、注邑山，另一部由广滩里向砥平里、望美里攻击；四十军（欠一师）从龙头里正南及下高松向砥平里、草川里攻击；四十二军为阻击骊州文幕里来援之敌及堵击砥平里南进之敌，军主力应进至丹石里、法岩里，以一部位于曲水里；四十军之一个师应沿智女里、丰水院里公路南北高地协同六十六军向横城攻击；六十六军应由上茶峰、草塘店、博只平向横城之敌攻击。（二）金雄集团人民军二军团积极箝制南朝鲜军第三、七、九师。主力应位于自主峰、大美洞、歧山，阻击西援之敌，另以一个师应于攻势开始前一日或两日开始活动。第三、第五两军团应集中力量向梨浦洞、峰火山、下安兴里攻击，消灭南朝鲜军第五师一部，并向横城东南地区攻击，派出加强营破坏公路，阻击堤川来援之敌。（三）韩（先楚）集团应尽可能保持汉城江南桥头阵地。在我邓、金两集团攻击开始时，三十八军应以相当兵力向玄方里、利川进行牵制攻击，并以一个团进至梨浦洞以东，保证我三十九军攻击砥平里之侧翼安全。三十八军和人民军一军团在我邓、金两集团攻击得手后和当面之敌向南撤退时，应不失时机向南追歼敌人。五十军集结汉城、金浦地区以小部进至仁川维持治安，担任警戒。（四）洪学智指挥兵站向洪川至阳德、杨平地区运集粮弹，并派工兵修路修桥。（五）战役争取于 2 月 11 日黄昏，至迟 12 日黄昏开始。由邓华依具体情况最后决定并电告联司。[①]

彭德怀又致电中央军委："我邓（华）、金（雄）两集团预定 11 日至迟 12 日开始反击，如能得手，歼敌一两万人，将可能粉碎敌进犯企图并收复三十七度线以北地区。此役结束后，主力在平昌、原州、利川、水原线以北地区整补，准备 3 月底或 4 月初进行一次战役。如反击不得手，则敌人可能乘

---

① 王焰主编：《彭德怀年谱》，人民出版社 1998 年版，第 475—476 页。

胜进出'三八线'，我亦必须乘敌疲惫之时予以反击，以打落其气焰。为不失时机应付以上两种可能情况，建议将十九兵团即分三路入朝。"[1]

彭德怀在砥平里、横城这两个作战目标之间的往复徘徊，确实不多见。

时任志愿军副司令员的洪学智在其回忆录中则没有过多提及当时决策过程中出现的反复，仅从其自身经历的角度，记述了当时的决策情形："针对这种情况，彭总、解沛然（即解方——引者注）和我三个人紧急研究，并同邓华通过电报商量后，决定立即对东线之敌进行反击。怎么打呢？彭总认为，砥平里与横城两敌均已突出，有利于我军歼击，但是以我军现有之兵力，尚不能同时攻歼，只能先打一处，而先打何处，又各有利弊。先打砥平里之敌，可以直接震撼西线敌人的主要进攻集团，我东西两线亦可紧相联接。但该地敌人兵力集中，且已构筑了工事，不易迅速分割歼灭，如我不能在一两个昼夜之内歼灭该敌，则利川、骊州、横城等敌均可迅速来援，将使我军处于非常不利的态势。而横城以北敌军虽多，但多系伪军，战斗力弱，又处于运动中，位置突出，翼侧暴露，有利于我迅速围歼。"[2]

著名作家张正隆曾这样描述彭德怀当时决策之难："一向果断的彭德怀，觉得（邓华、韩先楚）两人的理由都挺充分，愈发举棋不定。（1951年2月）8日下午，他决定先打砥平里，当天深夜又觉得还是先打横城更有把握。（2月）9日晚，韩先楚来电再次陈述理由，力主先打砥平里，他又决定先打砥平里。可电报发出后又疑虑起来，邓华毕竟是东线指挥官，他对东线敌情是不是更了解些呢？于是，（彭德怀）又致电邓华，指出邓、韩两个方案的利弊，'究竟如何打法，由你最后决定'。"[3]

无论是哪种记载，都难以完全准确地还原历史，但都从不同侧面触及了

---

① 王焰主编：《彭德怀年谱》，人民出版社1998年版，第476页。
② 洪学智：《抗美援朝战争回忆》，解放军文艺出版社2000年版，第124页。
③ 张正隆：《战将》，解放军出版社2000年版，第154页。

当时历史的真实气息：彭德怀决策之难。

普通人与统帅对同样的事情可以作出同样的判断，但在判断时，前者是纯理智、理想化的逻辑推论，而后者是处于危险与责任下的判断。统帅要作出正确的结论所克服的阻力远大于普通人。

犹豫难决、举棋不定、踌躇不已、疑虑满腹的状态，很难与彭德怀刚毅果决、高大威猛的统帅形象联系起来。尤其是毛泽东称赞彭德怀的名诗"山高路远坑深，大军纵横驰奔，谁敢横刀立马，唯我彭大将军"广为传播，更深化了彭德怀统率千军万马、无往不胜的形象。

从投身革命战争开始，彭德怀在重大问题上的决断轨迹都是分明立见，素以敢于担当、决策果断著称，完全不同于林彪。林彪在重大战略问题决策上更多地体现出优柔寡断、缺乏胆略和魄力，如 1927 年南昌起义失败后开小差脱离革命队伍时的动摇，1935 年中央红军长征胜利后极力主张到陕南山区打游击时的固执，1948 年辽沈决战前夕的犹疑，1950 年抗美援朝决策时的过于谨小慎微。

处在指挥岗位的统帅，在精神上总是孤独无助的，而最孤独的时候就是需要进行决断的时候，因为这种决断关系到战争的进退、成败、胜负。这种决断所产生的责任与压力完全可以击垮一切。战争统帅指挥作战的过程，不仅包括洞察、分析、推导、理解、判断等理性化过程，而且还有着旁观者无法觉察和理解的大量心态、情绪，充斥着战争的危险、怀疑、动摇、冒险。感性的煎熬、重压与理性的洞察、判断，对指挥员进行着双重的考验。

如果从困难程度来衡量，攻取砥平里无疑要比攻取横城更为艰难。在艰难面前畏惧，历来不是彭德怀的选择。彭德怀素以胆略过人著称，他指挥的诸多战役、战斗，大多是血战、硬仗、攻坚战。可以说，在构成彭德怀指挥风格的诸多要素中，有胆量始终是其重要的特长。

缺乏胆量，不能解释彭德怀的犹豫。

如果没有体味过胆量的魅力，不知道血性为何物，读读彭德怀就懂得了。重大历史事件的紧要关头，肯定是衡量统帅人物胆量的最好尺度。从战争难度上说，百团大战、抗美援朝战争都是敌我双方实力对比悬殊，但能放胆一搏，敢于担当此重任的统帅不多。

对民族前途命运的深情，远甚于对个人利害得失的算计，使得彭德怀的胆量如奔腾烈马，无可阻挡。也许正因如此，彭德怀战争生涯中的扛鼎之作，虽在精致巧妙上并不突出，但都是力度十足，将战争的血性演绎得淋漓尽致。

在彭德怀辉煌的军事生涯中，砥平里之战注定是一道风景。

中国兵学素有"将在外，君令有所不受"的传统，就是要赋予统领方面军的指挥员以尽可能大的决策自由权。但是，作为志愿军司令员的彭德怀，在考虑作战方案时，不仅要从局部战场得失来权衡利弊得失，还需要站在中国国家安全大局需要上来审视轻重缓急。

中国人民解放军的家底有多大，彭德怀心中有数，十分清楚自己手中的这几张牌——第 38 军、第 39 军、第 40 军，是中国人民解放军仅有的战略预备队。新中国面临的军事威胁却来自四面八方，如暗潮汹涌。在东南沿海方向，蒋介石试图反攻大陆的威胁不可不防。边疆地区的匪患也未完全根除。

大勇近乎大怯。曹操曾告诫名将夏侯渊："为将当有怯弱时，不可但恃勇也。将当以勇为本，行之以智计，但知任勇一匹夫敌耳。"

拿手中的这点儿家底一赌输赢？如果没有十足的把握，彭德怀不愿冒险。

彭德怀的统率艺术

抗美援朝战争作为彭德怀的"重要作品"，足以让他跨入世界著名军事统帅的行列。

　　拿破仑说："统帅以自己的经验和天才指导作战。战术、部队调动方法，以及工兵、炮兵的科学知识，都可以从书本中求得，但是大战术学仅能从经验和战史的研究中去获取。腓特烈大帝，也像亚历山大、汉尼拔和恺撒一样，都是遵循同一原则作战的。"

　　彭德怀作为统帅的成长过程，不同于西方军事统帅身上所具有的过多"学院派"特色。他出身"草根"阶层，成长于"猛将必拔于行伍"的传统方式。

　　任何专门活动，要想由进门入行，到技巧娴熟，最终达到超一流、大师级的水平，肯定有非常之处。就军事统帅、军事将领来说，在性格、胆量、学识、指挥、谋略、判断、洞察等方面必定是合乎军事法则的，只是不同统帅、将领之间存在着差异而已。然而，正是这些差异，使得有些统帅可以成为统帅中的大师、统帅中的统帅，而有些人尽管跨入统帅行列，反而把自身的缺陷毫无遮挡地暴露出来，只能划归平庸的统帅之列。

　　战争对彭德怀来说是一种由经验累积而成的"手艺"，全凭实践与历练。战争对林彪来说是门"课程"，需要进行反复的训练、掌握。战争对刘伯承、粟裕来说是出神入化的"艺术"，需要感悟与天赋。

　　彭德怀在指挥气质上大体属于大刀阔斧、生猛有力之类。战争的"一次性"特点决定了指挥的艰巨性及对统帅的苛刻要求，绝不允许在指挥上出现大的失误。统帅指挥能力的高低以及指挥艺术的成熟，很大程度上就体现在指挥的"稳定性"上。通俗点说，稳定性好的统帅，每次战役的得分大都应该在良好线以上，而并不要求每次战役的指挥都成为经典。用孙子的话就是要先立于"不败"之地，做到"务求平正与工稳"。而对战将来说，由于所处地位与立场不同，指挥上更易追求"奇、险、绝"。稳定性体现了对局势的掌控能力。从战争中的实际表现来看，刘伯承、粟裕在指挥上表现得比较平稳，稳定性强。从平江起义开始，彭德怀亲自指挥的大仗、恶仗不少。从指挥艺术角度来衡量，青化砭、羊马河、蟠龙三战三捷，以及宜川战役在指挥上就表现出严谨、细致，而西府战役则大胆有余，工稳不足。在抗美援朝战争期间，彭德怀在指挥艺术上又达到了一个新的高度，展示了粗犷中细腻、精致、慎重的一面。

作为充满激情的统帅，彭德怀身上始终洋溢着激发战士斗志的英雄气质，具有雄烈霸气的精神力量。革命战争的残酷就是你死我活，选择是唯一的。战场上的荣誉都是拎着头打出来的，不是熬年头"推磨"推出来的。彭德怀临危处难，敢于担当，素有面对强敌，斗志愈加昂扬的作战习惯，喜欢与强敌一争高低。在中国历史上的武将群体中，以勇猛著称的战将不绝如缕，但既有"力拔山兮"之勇，又有领袖群雄"气盖世"的并不多。当毛泽东写下"谁敢横刀立马，唯我彭大将军"的诗篇时，其心中的彭大将军不仅勇气能与西楚霸王争高下，更有领冠群将的霸气。彭德怀的霸气如大海潮音，雄浑激荡。林伯渠曾说："彭德怀同志是有德可怀，有威可畏"。但是，身负志愿军司令员的巨大责任，彭德怀不仅需要感性，更需要冷静、理性的判断。

1951 年 2 月 10 日　阴有雪

连续的战斗、过度的疲劳，使得志愿军部队的战斗力受到影响。"部队尤其是骨干伤亡大，积极分子少了，领导力量减弱。第 50 军 150 师统计，（1951 年）1 月 25 日至 2 月 10 日，伤亡党员、团员 1023 人，占班以下伤亡数的 30.7%。当时 448 团 3 连共 56 人，党员仅有 4 人……忍饥耐寒，体力消耗大，虽多方努力，未能完全解决。第 42 军整训背粮，未得休整，突然投入第四次战役，连续作战 20 多天，伤员也要部队往回抬，许多战士走在路上累得晕倒。第 50 军连续在江南作战 20 多天，后转江北昼夜构筑工事，极度疲劳。坚守白云山记大功的孙德功，刚走下战场，就躺倒地上，不省人事。"[1]

---

[1]　杜平：《在志愿军总部》，解放军出版社 1989 年版，第 150 页。

由于有很多实际困难没有解决，志愿军部队中也存在对胜利缺乏信心的顾虑。"有的战士反映：只靠我们这几个军难以胜利。敌人的炮火厉害不好打。""还有个别干部表示：战争打到何时是个头？""在汉江南面守备，作战部队伤亡较大，火器遭敌机炸毁，有的同志埋怨说：打防御不够本。为什么我们的大炮不打？我们的飞机为什么不来？""许多干部担心：这样打下去会伤部队的元气。""有的连队管理松懈，出现了不愿做工事，不愿防空，行军随便掉队，违犯群众纪律等不良现象，自伤或逃跑的也有。"①

西线，美军在金浦实施空降，占领仁川、永登浦等汉江南岸地区。志愿军第38军第112师的防御正面东起价军山，西至泰华山，长达40公里；纵深从前沿泰华山、鼎盖山起至南汉江岸，约20公里。

东线，南朝鲜第8师以1个连的兵力向473高地进攻，连续多次攻击后未能成功。

志愿军第39军第117师经过5天连续行军渡过北汉江，穿过黄龙山区，进至横城西北儿柴里地区。

彭德怀再次决定先打横城。

多少年后，已进入迟暮岁月的韩先楚，谈起砥平里，仍然是英雄气不改。"一是砥平里是必须打下来的'打点'，二是先打砥平里是一定能打下来的，韩先楚对此坚信不疑。（20世纪）60和70年代，韩先楚曾公开说明上述观点，并始终念念不忘，直到去世前还讲过。"②

"打点"，是韩先楚独创的战术语言。

高级军官军事指挥艺术成熟的标志，既外在性地表现为战胜、攻取、赢得决定性的胜利，也内在性地表现为精神、智慧的成熟，而后者往往体现为经验的不断总结、积累、沉淀、升华。理论不是哲学家的专利，不仅表现为

---

① 杜平：《在志愿军总部》，解放军出版社1989年版，第150页。
② 张正隆：《战将》，解放军出版社2000年版，第158页。

体系化的知识结构，也表现为感悟式的只言片语。

11 时 30 分，志愿军第 42 军指示第 126 师：奉志司命令先歼灭横城之敌，对砥平里、草旺里、上下柴里之敌采取钳制战术。要求第 126 师指挥第 125 师第 375 团、第 126 师第 376 团接管第 125 师第 374 团现有阵地，同时配属第 39 军指挥。

战争历来都是对手间扬长避短的较量。在朝鲜战场，志愿军的优势最明显之处在于兵力数量上面，但是，美军拥有的制空权、火力、机动性的优势，致使志愿军在数量的优势上受到相当限制，难以形成有效的兵力集中。李奇微"磁性"战术的实质就是缩小相互作用空间，控制与志愿军的接触空间，使志愿军难以进行"腾挪"。朝鲜的地形使得这场战争具有丛林战的特点，便于机动能力强的作战方发挥力量优势，而不便于过分依赖机械化的美军发挥机动优势。

在前三次战役中，穿插、渗透战术在志愿军手中运用得可谓是得心应手，成效明显，能在战场中制造出"突然性"的优势。志愿军由于机械化能力弱于对手，机动性不够，往往在战场上难以达成迅速合围。制空权的缺乏及对空防御力量不足，使得阵地防御成为志愿军最难以接受的战术。在朝鲜战场上，志愿军最有效的作战行动就是穿插、渗透。

受后勤补给能力限制和朝鲜战场地形制约，志愿军实施穿插、渗透作战的有效规模并不大，以师、团以下作战单位的战斗行动最为成功。

15 时，志愿军第 42 军指示第 117 师、第 124 师、第 125 师：奉邓指命令，军主力并指挥第 117 师于同日切断横城以北敌人及横城之退路，配合第 40 军、第 66 军全歼伪 8 师及美第 7 师第 17 团一部，打开缺口，调动敌人，以便我各个歼击，为此作出如下部署：

一、第 39 军第 117 师为第一梯队向上物安里，仓村郡的仓村昆俟洞、金板洞攻击前进，攻击上、下加里 320 高地，切断横城以北之敌退路，配合第

66 军攻歼横城之敌。

二、第 124 师掩护主力由山南面通过，师主力尾随第 117 师跟进，攻占昆侯洞，面北山 676、520 高地，消灭衣田合之敌，并负责肃清丰水院、广田召一线以南高地之敌，得手后集结于会相洞一带执行第二步机动作战。

三、第 125 师主力（缺第 375 团）尾随第 124 师跟进，沿店村后沿上龙谷、公田里、灵山里攻击前进，以一个团攻至回常峰一带，构筑火力阵地，封锁陵隅北段公路，并设法渡澹江，截击公路上运动之敌，与第 66 军德高山以西公路两侧部队密取联系，对原州、新坪方向警戒，阻打援敌。

四、炮兵第 25 团指挥榴弹炮营及军炮团第 1 营沿龙头里至横城公路，第一步在下葛里布置阵地，配合第 124 师进攻，并受第 124 师首长指挥。

各师应于 2 月 11 日拂晓前集结完毕，注意防空。总攻于 2 月 11 日 17 时务必打响。

打乱原有指挥关系，将不同隶属关系的作战单位杂糅起来，也是非常之时的非常做法，只能反映情况紧急。横城之战及砥平里战斗中打乱指挥关系，也是形势所迫下的应变之举，不能认为是邓华在指挥上的失误。相反，此为当时形势下所能采取的有效做法，因为不同建制单位是先后投入战斗的，难以按建制、地域进行划分。

15 时 30 分，第 42 军指示第 126 师：要求当晚应组织一个加强连袭击砥平里之敌，以钳制敌对第 125 师方向之攻击，同时查明望美里之敌情，坚决设法捉住俘虏弄清情况。

20 时，第 40 军第 118 师进至龙头里、安兴里、寺洞、葛谷地区。

第7章

横城胜利：
稍纵即逝的机遇

军功最来之不易的部分落在士兵的肩上。

——肖洛霍夫

1951 年 2 月 11 日　晴

中朝联合司令部电告朝鲜人民军前线司令部司令官金雄和人民军第二军团、第三军团、第五军团：汉江南岸地区已守 18 天，人民军第一军团、志愿军第 50 军在 2 月 9 日已撤至北岸。"联合国军"正准备积极攻取汉城。志愿军第 38 军仍在原阵地坚持，但伤亡甚重。且我主力集结于龙头里附近的行动已暴露。因此，横城战役"决定能迟至 12 日黄昏攻击，此战役关系太大，如不胜利，敌将进击'三八'线，中国第二梯队一时赶不上来，问题十分严重是很明显的。望你们深刻体会此役意义，力争此役胜利"。①

横城捷报

3 时，志愿军炮兵第 42 团第 1 营第 2 连与第 3 连（共计有野榴炮 8 门）、炮兵第 44 团第 3 营（有野榴炮 12 门），配合第 40 军第 120 师第 360 团攻击 800 高地，按时进入西稳桥、道村附近阵地；第 358 团及配属的 4 门山炮进入 492 高地。炮兵第 42 团第 3 营第 7 连与第 9 连（共计有野榴炮 8 门），配合第 40 军第 118 师攻击南朝鲜第 8 师，也到达攻击阵地，在 4 时开始射击准备。

早晨，周恩来致电彭德怀等人："（2 月）九日二十一时电悉。（一）在这次战役中，我如反击不得手，敌人确有进出三八线可能。但如敌乘胜急进，二月底即可到达金川、铁原之线，而我十九兵团无论车运步行均无法于同时赶到瑞兴、金川、铁原之线。敌如在达到三八线后观望并整理一个时期然后北进，则我十九兵团当可于东线歼敌一两个师，打开缺口，则西线敌人冒进，

---

① 中国军事博物馆：《抗美援朝战争纪事》，解放军出版社 2008 年版，第 89 页。

可能被停止，但也须设想敌进占汉城后侦知我西线正面力薄仍有继续前进逼我东线后退可能。（二）为防止上述不利情况发生，请令邓华集团在寻机歼敌部署中切忌仓促应战，如敌冒进，宁可让其深入利我围歼，如敌不进，必须寻敌弱点，利我分割歼其一部。宋（时轮）兵团二十六军，应令其于二月十日夜赶到铁原、涟川、朔州、价川、成川线两路前进，则以每夜行五十里计，到达平壤、成川地区连休息恐怕只须十五、六天，而某些笨重辎重过江后仍可车运一部分。（三）根据以上计算，我们认为十九兵团开进计划，基本上仍按原规定者不变为妥。六十四军已于二月九日到达安东，六十三军正运送至长甸河口、灌水线，六十五军将运至凤城，预计二月十五日可全部到达。现须略加改变者，望高（岗）令军运司令部将六十三军全部运至长甸河口，将六十五军运至安东下车，同时，将增补十九兵团的新兵一万人于十三日送至安东长甸河口按杨（得志）李（志民）所提计划分交三个军接收，以便早日过江。如此，六十四军即可于十五日、六十三军于十七日分别过江，两路前进，六十五军到安东后跟六十四军路线前进。十九兵团第一步以向平壤、成川地区前进为好，便于机动。两路沿线及到达地区的具体位置，望杨李电台速与志司叫通，由彭（德怀）以命令规定之"。①

严峻，是中央军委对当时形势判断的基调。

倘若志愿军在东线的出击不能给美军以重创，美军北上急进的势头将更加难以遏制。由于后援部队还处于陆续前调过程之中，志愿军没有更加有效的后续手段，被动后撤的幅度还会增加，对战争全局带来的负面影响将更大。

美军突破志愿军防线后大胆"冒进"，最为中央军委所担忧。

麦克阿瑟追求彻底胜利，总在寻找给对手最沉重打击的机会，不会满足于局部的胜利。

---

① 《周恩来军事文集》第4卷，人民出版社1997年版，第154—155页。

彭德怀致电金雄、朝鲜人民军前线副司令员金光侠、志愿军第66军首长并报中央军委、柴军武转金日成："此次反击作战三十九、四十、六十六、四十二军主力等共约九个师，由西向东打，首先歼灭南朝鲜军第五、八师及一部分美军是会胜利的。为使这一战役完满，必须全部歼灭南朝鲜军第五、八师，美十七团、一八七团。关键在人民军能否按预定战役部署截断敌退路，六十六军能否按邓指完成任务。此一战役是巩固以往三次战役的胜利，否则敌将进出'三八线'，破坏我军补充休整计划。所以，此役是特别重要的。"①由邓华指挥的志愿军4个军按照预定作战方案，向集结在横城地区的"联合国军"发动了反击作战。

根据邓华指挥所的计划，作战部署如下：志愿军第42军配属第39军第117师及炮兵第25团第1营，以第124师、第117师经上物安里、都仓村，向横城西北鹤谷里，上、下加云方向进攻，切断南朝鲜第8师退路；以第125师（欠1个团）前出至横城西南介田里、回岩峰地区，阻击原州方向可能出援之敌，并策应第66军作战；以第126师（配属第125师第375团）配置于注邑山及砥平里以北地区，继续钳制砥平里地区之敌。

第40军（配属炮兵第42团第1营、第3营，炮兵第44团第3营）从正面向横城西北之丰水院、梨木亭、广田地区的南朝鲜第8师实施突击。

第66军（配属炮兵第29团两个连），以第196师、第197师经横城东北之弓川里、介田里向横城东南方向突击，首先攻占德高山、曲桥里，切断横城敌之退路；以第198师从横城以北之五音山向稚洞、草堂方向突击。

第39军为预备队，配置在龙头里东南地区，在战役发起后逼近并监视砥平里之敌。

曾在志愿军司令部通信处任处长的崔伦后来回忆说："开始实施战役反

----

① 王焰主编：《彭德怀年谱》，人民出版社1998年版，第476—477页。

击。发起反击的当天，由于对主攻方向究竟先打砥平里，还是先打横城之敌，产生两个各有利弊的方案。"①

17时，东线反击开始。志愿军第39军第117师由儿柴里按照计划实施穿插。穿插序列依第351团、师指挥所、第349团、第350团的顺序前进。从儿柴里至琴垈里有乡村大路，人、马可以通行。从琴垈里至夏日、鹤谷里只有人行小道，利于步兵穿插、渗透。夏日、鹤谷里在横城西北方向，公路两侧为鱼脊形山地，易守难攻，不便机动。志愿军占领公路两侧高地，即可扼敌退路。

17时，志愿军第40军第120师第358团、第360团也按照计划开始行动。行军极为艰难，山坡上的雪厚没膝。出发前，战士们都在鞋底系上防滑绳子，但是一路上仍有不少战士摔倒。

20时，志愿军第66军第196师第587团按计划向曲桥里方向急进。

23时30分，第117师第351团在琴垈里迷路，向北进至石子洞附近与"联合国军"遭遇，发生小规模战斗，毙、俘敌数十名。师指挥所当机立断，命令第349团由昆俟洞直接插向鹤谷里，第351团向东直接插向夏日，第350团坚守琴垈里。

彭德怀致电毛泽东：美2师第23团、第9团，法国、荷兰两营，美24师第21团1营移至梨浦东之婆沙山附近，且均有相当工事。因此，攻击砥平里附近之敌一两天难以解决战斗，改为攻击横城周围之南朝鲜第5、第8两师及美7师第17团、空降第187团（此刻尚无捷音），于2月11日黄昏开始，首先求歼灭两三个团，得手后再歼两三个团。如能歼灭五六个团，估计可能暂时稳定（半月）。如反击不得手，敌将疯狂追击，"三八"线很难立稳脚。目前只有坚决反击，不惜一切，争取胜利，争取时间，稳定局势。否则将付

---

① 崔伦：《通信兵往事回想》，长城出版社2006年版，第146页。

出更大代价，困难亦更多。2月14日，毛泽东回电，同意彭德怀关于歼灭横城南朝鲜军的部署，并预祝胜利。①

1951年2月11日24时，志愿军主力的正面突击进展顺利。美军和南朝鲜军从丰水院、苍峰里等地向横城方向后撤。

晚上，志愿军第40军第119师派出侦察人员到砥平里北部的白冬里地区，对砥平里美军的动向进行侦察。

1951年2月12日　晴

志愿军第66军第196师从大官岱里、斧洞里、阳地村、新村、龙屯、下上山田里、永家浦、烽火峰、德高山直插曲桥里地区，切断横城之敌向原州的退路，力争将"联合国军"歼灭在横城地区。第197师由阳德院里兼程进至直谷、堂巨里，从大官岱里向横城东南方向进攻。第198师从正面由上茶峰里向横城进攻。

志愿军在横城方向的犀利进攻，使得南朝鲜军队感到压力倍增。"中共军大兵团自（2月）12日零时发起狂涛般的攻势，使北（朝鲜）共军得以起死回生，使我第8师同新的敌军角逐"，"中共军第13兵团全部投入中部战线……他们企图向中部山岳地带扩大战线，牵制西部战场，挽回全线的不利局面"。②

1时，志愿军第66军第196师、第197师在红桃山、国土峰地区的攻击受阻，没有及时到达横城东南曲桥里、德高山地区切断"联合国军"的退路。同时，进至回岩峰的志愿军第42军第125师也未能及时渡过蟾江阻截逃敌，致使横城地区的美第2师一部、南朝鲜第8师师部及第3师大部逃脱。

1时，志愿军第39军第117师第349团在昆侯洞与溃退之敌交火，毙、

---

① 中国军事博物馆：《抗美援朝战争纪事》，解放军出版社2008年版，第90页。
② 《韩国战争史》第5卷下，军事科学院战史研究部1986年出版，第62页。

俘敌 116 名，尔后向鹤谷里穿插。

1 时，志愿军第 40 军第 120 师第 360 团攻占 800 高地前沿。由于守敌顽抗，连续几次正面攻击未果。

4 时，志愿军第 40 军第 120 师第 358 团不顾公路沿线的南朝鲜军，利用黑夜掩护，沿丰水院公路实施大胆穿插。担当主攻任务的该团第 3 营在到达 780 高地后，灵活部署兵力。第 7 连、第 9 连从 780 高地西侧选择攻击道路，第 8 连穿插到 780 高地背侧从东南方向实施对攻。第 7 连第 7 班副班长李才思带领由老战士组成的突击小组发扬独胆精神，摸索到山顶，乘敌混乱，突然向敌开火，毙敌 11 名。第 8 连第 4 班在接近山头后，对敌发起突袭，顺利占领山头。战斗中，志愿军共俘敌 400 余人，顺利攻占 780 高地，按时到达静冰亭，切断敌退路。

4 时 30 分，由于攻击地形不利，第 360 团决定重新调整部署，为避免炮火误伤而不得不将高地前沿部队回撤。通过集中榴弹炮营集中对敌进行火力打击，再实施强攻，最终夺取 800 高地。

5 时，志愿军第 42 军指示第 126 师：南朝鲜第 8 师在中朝联军数路攻击下开始动摇、溃退，东线战役缺口已经被打开。位于砥平里之敌可能逃跑，要做好坚决猛追歼敌的准备。

6 时，第 42 军第 124 师攻占鸭谷里、石子洞东北高地，师指挥所位于鸭谷里。第 39 军第 117 师于拂晓前进至金板洞等预定地域，至 7 时已占领公路，并向上、下加云里攻击。以上两师均到达指定地点作战。但穿插前进的第 66 军第 196 师第 587 团尚未进至德高山，横城之敌撤往原州的大门还没有被封闭。

6 时，西线汉江南岸的战斗又开始了。

美骑 1 师以近半个团的兵力，在 52 辆坦克、24 架飞机、20 余门大炮掩护下，向志愿军第 38 军第 114 师第 342 团第 1 营坚守的京安里 350.3 高地发起联合攻击。350.3 高地和 276.8 高地是第 114 师的主阵地，利川通汉城、龙仁通汉城、水原通汉城这 3 条公路都从高地下通过。连日来，双方围绕高地进行反复拉锯战。第 1 营坚守的 350.3 高地两侧已被美军占领，阵地形成凸向美军之势。早在 2 月 11 日夜，第 3 营就烧毁文件，做好与阵地共存亡的准备。

炮火下的阵地上，山石碎块四处飞溅，树木只剩下残枝，蜂窝似的弹坑一个接着一个。炮火停息后，紧接着的是美军步兵在坦克引导下一个波次又一个波次的冲锋。第 1 营营长曹玉海亲自指挥第 3 连与冲上阵地的美军进行肉搏战，在打退美军 6 次冲锋后英勇牺牲。战士申德恩左眼受伤，连长命令他离开阵地，他说："右眼还是好的，可以瞄准，能坚持战斗。"激烈的战斗持续至下午，第 3 连伤亡殆尽。第 1 营教导员方新与剩下的 4 名战士坚守阵地，直至弹药用尽，壮烈牺牲。

在曹玉海的遗物中，有一封浸满鲜血的信，是他的女友写来的：

玉海，亲爱的：

一想到明天就要离开，我的心像撕裂了一样。自从遇到你，我才晓得了一个人应该怎样生活。但是，我毕竟还有些过于注意个人的幸福，你的批评是完全正确的。你对我说："我不是不要幸福，我不是天生愿意打仗。可是为了和平，为了世界劳动人民的幸福，我就要去打仗了。"亲爱的，你说的完全对啊。我只恨美国鬼子剥夺了我们的幸福。再让我告诉你吧，我更爱你了。谁知道什么时候能相见，但我要等待，等待，等着你胜利回来。我为你绣了一对枕头，请带着它，就像我在你身旁一样。我想你总会有点空闲时间，亲爱的，千万写信来，哪怕只是一个字也好。

你的爱人

1950 年 10 月 20 日夜半①

汉江南岸守备战中，志愿军第 38 军阵亡营级干部 7 人、连级干部 21 人、

---

① 陈忠龙主编：《中国人民志愿军人物志》，江苏人民出版社 1997 年版，第 928 页。

排级干部41人，远超过前三次战役的阵亡情况。

第340团第3营第9连班长张绍武。

第341团第1营营长刘保平。

第341团第1营第1连战士王家富。

第341团第3营第1连排长陈明和：

解放战争中荣获"战斗勇敢"奖章一枚。

第341团第2营第6连卫生员饶洪勋：

在解放战争中立过两次大功。

第342团第1营营长曹玉海：

出身于山东省莒县东甸沟村贫农家庭，1941年参加八路军，先后为战士、班长、排长、连长、作战参谋、副营长、营长。在解放战争中，从东北松花江打到长江边，荣获"战斗模范"称号。曾经出席山东英雄代表大会、师群英大会、军战斗英雄代表会议。他是特等功臣、一级战斗英雄。

第342团第1营教导员方新：

出身于安徽省蒙城县板桥瓦房村贫农家庭，1942年8月，于东北军第110师起义后参加八路军，先后任宣传员、班长、文化干事、政治指导员、副政治教导员、组织股股长等职。在解放战争中，立工作三大功、战斗一大功。他是二级战斗英雄。

第342团第1营第2连班长潘学仕：

云南省路南县人，贫农家庭出身。1947年2月，从国民党军中被解放加入东北民主联军。在解放战争中，参加解放广西之战。在朝鲜战场，荣记一次大功。

第342团第1营第3连卫生员孙殿金。

第342团第1营第3连班长涂金。

第342团第1营第3连炮1班班长付国良：

战斗英雄、神炮手。

第 342 团机炮 1 连班长邵春山。

第 342 团机炮 3 连班长、炮手曲礼：

东北地区宾县人，1947 年参军，曾立工作功三大功、战斗功四大功。

……

1951 年 2 月 12 日 7 时，志愿军第 39 军第 117 师第 351 团按时占领夏日以北至新村以南地区的有利地形，切断南朝鲜第 8 师、美第 2 师第 9 团的退路，顺利地与友邻部队构成对内合围正面。

7 时 30 分，横城之敌以 2 个排的兵力在 3 辆坦克掩护下，多次向志愿军第 39 军第 117 师第 349 团第 2 营阵地进攻，皆无功而返。

8 时，在志愿军第 39 军第 117 师夏日阵地，被阻之美军和南朝鲜军试图向横城突围。同时，横城之敌在航空兵、坦克配合下北援，准备打开通路。美第 2 师以 2 个营的兵力多次向志愿军第 351 团第 2 营阵地发起冲击。战斗极为惨烈。第 2 营第 4 连击退美军 10 多波次冲击，最后仅剩下指导员、通信员、炊事员，但仍坚守住阵地。位于夏日公路西侧的志愿军第 39 军第 117 师第 349 团第 1 营，将突围之敌击退。

志愿军第 40 军第 118 师实施灵活的战术穿插，按时占领上花岱、上草院里、广田地区。第 120 师克服圣智峰顽敌抗击后，占领福祚洞。

8 时，志愿军第 42 军第 125 师到达回岩峰，击溃横城方向的部分逃敌。

10 时，志愿军第 39 军第 117 师第 349 团、第 351 团与拼命突围的美军和南朝鲜军形成对峙。

10 时 30 分，横城之敌以 2 个营的兵力在航空兵、炮兵支援下，由 10 余辆坦克掩护，再次向志愿军第 349 团第 2 营阵地发起猛攻，试图夺取第 5 连坚守的 303.2 高地。最终，志愿军仍将敌击退并毙、俘敌 210 多名。

横城之战的顺利进行，使西线逐步后撤的汉江防线防御压力得以缓解，暂时扭转了敌我间攻守失衡的不利局面，形成了双方互有攻守的态势。

面对好不容易打开的局面，连日来对形势判断颇为严峻的彭德怀，从黑暗中看到了胜利的光亮，希冀扩张战果，彻底扭转被动的战场局面。但西线依然紧张的防御形势，使得彭德怀还来不及品味东线初战告捷的喜悦，就将关注的目光迅速地从横城移走。

南下原州

原州还是砥平里？

横城溃败，使美军在朝鲜战场中东部并不坚实的防线完全暴露在志愿军打击范围内。这似乎是一张只要用力一扯就会千疮百孔的防御网。

原州已成为美军编织的这张防御网的支撑点。"中央走廊地带一直是双方争夺的焦点，而原州位于这一地带的最南端，和洪川、砥平里构成了一个三角形区域。原州的地理位置最重要，因为它既是铁路的终点，又是公路的中央。当时曾在砥平里作战的沃克尔认为，如果中国军队控制了这个三角地带，他们就可以在这里建立一个稳固的基地，然后从这里出发进攻100英里以南的大邱，而在此前的洛东江战役，美军与朝鲜人在大邱展开过激烈的争夺战。"[①]

出击原州是志愿军当然的选择，否则，在横城取得的战果就难以转换成扭转形势的杠杆。

无论是身处战役前线指挥作战的邓华，还是密切关注形势变化的彭德怀，都会很自然地考虑到兵出原州的问题。

---

① ［美］大卫·哈伯斯塔姆：《最寒冷的冬天：美国人眼中的朝鲜战争》，重庆出版社2010年版，第448页。

8时，彭德怀致电志愿军第39军："伪8师已大部被歼……战役口子已打开，敌人可能动摇，应考虑对39军主力及（第42军）第126师的使用，最好以一部于正面抓住砥平里之敌，将主力插入至敌侧后去，乘敌撤退时，在运动中歼灭之。在横城地区之敌彻底解决时，39、40、42、66军则应准备向原州、忠州方向扩张战果，具体部署由邓（华）考虑之。"①

在战场转换的关键时节，彭德怀的这个指示，完全就是横城之战后志愿军东线战场的作战指导方针。

稍纵即逝的战机不容犹豫。模棱两可、模糊不清的战场走向似乎突然变得简单、清晰、透明。彭德怀的下一个决定性作战目标，已经毫无疑义地从砥平里、横城直指原州、忠州，重新回到了毛泽东在第四次战役开始阶段所谋划的大方向上。

将才之高下，关键在用兵。

如果缺乏实力，机遇就没有意义。战争最后的胜负较量，往往取决于谁的枪膛里还有最后一颗子弹，谁能挺得更长久。

在东线战场，当时志愿军第39军主力正位于横城与砥平里之间，作为预备队，处于引而不发的状态。随着战争进程的推进，第39军已成为邓华手中唯一能使用的机动力量，可以直接影响战局发展。正因如此，彭德怀才对第39军的运用问题给予高度关注。

按照彭德怀的指示，第39军应与突破横城后追歼残敌的第42军主力、第40军第120师、第66军等部队会师原州城下。但是，邓华在以后的实际兵力分配中，恰恰将第39军放在砥平里方向，没有按照彭德怀电报要求的那样投入原州战场。显然，邓华对战场形势的判断及战局发展的思考，与彭德怀不尽相同。

----

① 军事科学院军事历史研究部：《抗美援朝战争史》第2卷，军事科学出版社2000年版，第238页。

横城、砥平里、原州地区的形势变化，都是影响邓华决策和判断的重要因素。迟至 1951 年 2 月 12 日上午，横城之敌虽已被击溃，但是志愿军第 66 军第 196 师仍然没有最后封闭合围圈，逃往原州之敌情势不明。第 39 军第 117 师，第 40 军第 118 师、第 120 师，第 42 军第 124 师、第 125 师（欠第 375 团），仍处在横城战场收尾与向原州运动过程中。砥平里之敌出现动摇，但虚实难辨。

横城之战的不彻底，导致在进攻原州时，志愿军难以打出锐利而强有力的组合拳攻势，其影响无疑也波及砥平里作战。

第 8 章

鱼刺在咽：
事到万难须放胆

非危不战。

——孙子

砥平里，如同卡在咽喉的鱼刺，欲吐不能，欲咽不得。如何摆脱这种进退两难的境地？在战争的"棋盘"上，不知如何"落子"时，索性让对手先出招，采取后发制人的策略也不失为良策，暂时搁置砥平里，把"球"踢给李奇微。砥平里战斗，本不应发展成为一场攻坚战，更不应成为第四次战役第一阶段作战的转捩点。

拔　刺

当时的情势下，相对来说比较清楚的局面是，如果砥平里之敌退守，志愿军还是否有必要将具有决定战场全局的作战力量作如此部署？理应在主攻方向尽遣主力。若把注意力放在砥平里，就改变了重心。即便攻下砥平里，也仅是将东西防线拉平，强化了防御态势而已。更为富有冒险精神的作战方案，当然是直插原州。

在衡量双方成败的天平上，砥平里已经不再具有决定性意义。

砥平里对李奇微来说，是选择守，还是选择弃，也会成为一道难题吗？

在东线的砥平里、横城两地，志愿军于局部兵力对比上都具有优势，掌握着进攻主动权。形势的变化，完全出乎李奇微的预料之外。薄弱的东线，可能再次成为"联合国军"全线溃退的开始。李奇微要应对突然出现的危机，手中可打的牌并不多。

李奇微的神经已经高度紧张，既要坚守风雨飘摇中的砥平里，又要分心担忧原州的安全。

随着横城方向雪崩似的失守，"联合国军"内部再次沉浸在失败带来的强烈冲击之中。

李奇微后来在回忆录中不惜笔墨地描述了当时的切身感受："在中共军队

的进攻面前，美第 2 师又一次首当其冲，遭受重大损失，尤其是火炮的损失更为惨重。这些损失主要是由于南朝鲜第 8 师仓皇撤退所造成的。该师在敌人的一次夜间进攻面前彻底崩溃，致使美第 2 师的翼侧暴露无遗。南朝鲜军队在中国军队打击下损失惨重，往往对中共士兵怀有非常畏惧的心理，几乎把这些人看成了天兵天将……脚踏胶底鞋的中共士兵如果突然出现在南朝鲜军队阵地上，总是把许多南朝鲜士兵吓得头也不回地飞快逃命。"①

当时，横城溃退极有可能演变成"联合国军"更大的灾难，若再失去原州，不仅双方攻守之势将完全颠倒，砥平里也会彻底被"红色进攻浪潮完全吞没"。

撤出砥平里，是李奇微合乎情势的正常应对之举。

只要有拳头重重地砸在原州，砥平里之敌的坚守就变得毫无意义。

日本陆战史研究普及会也从另一个角度提出了志愿军用兵的方向，即直插美军防守空隙："如果堤川被中国军队夺去，整个（美）第 10 军就会陷入崩溃的危险。当时第 10 军的情况是，美第 2 师的第 23 团在砥平里陷入了中国军队 3 个师（原文如此——引者注）的重围，其主力在原州正面遭到中国军队几个师的猛烈攻击；南朝鲜军队的 3 个师加在一起也只有 1 个师不到的兵力，所以剩下的兵力只有尚未重新编成的美第 7 师。而且，由于砥平里陷入危机，美第 2 师师长拉富纳按照命令以文幕里正面的第 38 团增援砥平里，所以在砥平里同原州之间的 25 公里的正面上，出现了近似无设防的间隙。据估计，如果中国军队不专心致志地进攻砥平里，而将其预备队投入这一间隙，第 10 军就会崩溃。"②

但是，突破砥平里之后，以志愿军的实力状况，是否可以继续深入南进，在东、西两线之间形成合围之势，是否还能给予原州之敌以重击，都存在不

① ［美］马修·邦克·李奇微：《朝鲜战争》，军事科学出版社 1983 年版，第 121 页。
② 日本陆战史研究普及会：《朝鲜战争》，国防大学出版社 1990 年版，第 555 页。

少疑问。当时的情况不同于第二次战役后志愿军发起的"左钩拳"行动。第二次战役时，志愿军可以在东、西两线之间形成合围态势。而当时由于战斗力下降，志愿军部队处于疲乏状态，难以突击攻坚。

同时兵分原州与砥平里，不失为一个折中的方案。

砥平里攻击计划

2月12日早晨，邓华在位于砥平里以北的指挥所驻地放谷，召开部署攻击砥平里的会议。

在战争的压力面前，决策和判断需要理性、逻辑，更需要直觉。这种直觉是建立在经验与判断能力基础上的。

战争进程中的作战部署，如同读秒状态的棋手，根本不可能进行充分的考虑、论证、预演，在相当程度上取决于指挥员的洞察力、直觉、经验。

会议的气氛充满紧张、急迫，不容有任何置疑。

第40军第119师师长徐国夫后来在回忆录中记述了会议经过："邓（华）集团指挥部于汉江之北的放谷召集未参加横城战斗的各师师长会议。我师仅355团配属118师参加横城歼灭伪8师战斗，其他两个团作为预备队于阳德院西北地区集结待命。接到邓指会议通知，我立即赶到邓指驻地。"[①]

"在会上邓华说：据42军报告，砥平里的敌人有南逃迹象，并且只有一两个营的兵力，今晚我们要立即行动，将这股敌人截击歼灭，趁机夺取砥平里，以使我东西防线连成一体。""随后征求大家意见。当时有位刚刚从国内入朝的某师领导说，他们师到了安东才知道入朝作战任务，走的时候特别仓

---

① 徐国夫：《大漠风声疾》，白山出版社1998年版，第493页。

促，武器未及擦拭，携带弹药极少，难以参加战斗。邓副司令想了一会儿对我说道：这项任务来得比较突然，原来我们也是想等横城战斗结束后再考虑攻打砥平里。现在情况有变，如果不立即行动，敌人很可能会跑掉，这样吧，以你们 119 师的两个团担任这次行动的主力，我再给你们配属 120 师 359 团，（第 42 军）125 师 375 团和 40 军炮兵团，以 5 个团打一两个营，虽然现在部队减员较大，虽然敌人是美国兵和法国兵，但也问题不大吧，就由你徐国夫统一指挥，怎么样？"

"首长下达的命令我 119 师坚决执行，但我请示能否缓些行动。1. 我师 355 团参加横城战斗未归建；2. 总兵力虽有 5 个团，但分别来自 3 个师 1 个军直，既没有集结，通信联系又很难接通，恐怕统一指挥不方便；3. 对砥平里的地形不仅我没亲自看过，各团领导也都不熟悉；4. 砥平里现在敌兵力是否准确，我们有必要进行侦察。"

"徐师长，你说的这些都有道理，但我们现在掌握的情况砥平里敌人是准备逃跑的，如果我们行动迟缓，让敌人跑掉，你徐国夫负得起这个责任吗？!"①

徐国夫的记述在相当程度上还原了部署砥平里作战会议的经过。对邓华在作战部署会上的急迫心情完全可以理解，作战部署上难免有仓促、不足之处。这其中既有战机易逝的原因，也有西线形势急迫，变化太快，需要在东线迅速行动，借横城之战的有利时机，继续获得决定性胜利的考虑。

战前，志愿军第 40 军第 120 师 "给 359 团 200 名新战士，质量好，没打过仗。毛主席从各野战军挑选老战士和基层干部补充志愿军"。②

第 119 师前线指挥所位于长海北侧，负责战场的统一指挥。

随后，徐国夫在师部召集了旨在统一行动的由各团领导参加的作战会议。

---

① 徐国夫：《大漠风声疾》，白山出版社 1998 年版，第 494 页。
② 华山：《朝鲜战场日记》，新华出版社 1986 年版，第 52 页。

"参加这个会议的 5 个团团长只到了 3 位: 120 师 359 团团长李林一未到,只政委肖锡三到会,据肖政委讲,李团长不来; 125 师 375 团只有副团长李文清到会,据他讲,团长、政委均有事不能来。另外,李文清副团长讲道,他刚刚从砥平里前线下来,现在砥平里的敌人不是一两个营,仍是美 2 师 23 团和法国营,并且构筑了工事,没有发现要逃跑的迹象。"[1]

志愿军计划参与攻击砥平里之敌的参战部队,仅有 5 个团左右的兵力。

"夏克参谋长将 375 团李文清讲的情况向'邓指'汇报后,几次催问也没有答复。"[2]

根据邓华的指示,徐国夫决定当日晚上即向砥平里地域集结,并作出如下部署:

第 40 军第 119 师第 356 团进至砥平里东北方向的上、下高松夺占 424 高地,第 357 团进至砥平里北部的望陵里以南高地。

第 40 军第 120 师第 359 团进至砥平里北部的宝龙里作为预备队。

第 42 军第 125 师第 375 团进至砥平里东部的石隅、新景满。

为隐蔽作战意图及避免过早暴露,第 40 军指挥所命令第 119 师进至龟头里西南地区,第 356 团进至宝龟里,第 357 团进至望陵里,第 359 团进至龟头里东南沟,第 375 团暂时不动。

邓华决定以 5 个团兵力围歼美第 23 团,这完全符合朝鲜战场敌我双方实力差距上的现实情况。例如早在 1950 年 11 月 12 日,毛泽东就致电彭德怀、邓华、朴一禹:"美军陆战第一师战斗力据说是美军中最强的,我军以四个师围歼其两个团,似乎还不够,应有一个至两个师作预备队。"[3] 因此,邓华关于攻击砥平里的兵力部署并没有违背集中兵力的原则。

---

① 徐国夫:《大漠风声疾》,白山出版社 1998 年版,第 495 页。
② 徐国夫:《大漠风声疾》,白山出版社 1998 年版,第 495 页。
③ 《毛泽东军事文集》第 6 卷,军事科学出版社、中央文献出版社 1993 年版,第 200 页。

作战行动是一种以战场为舞台的表演艺术，要做到动作细腻、控制到位、分寸得当，需要充分准备、细心雕刻。

突然性和不断前进是进攻的最有力的两个翅膀。

"伪8师被歼后，美2师、伪5师即速分别向南撤退，我师正面美24师主力也向梨浦里以南、利川以北撤去。而砥平里地区的敌人却没有动，仍展开占领着砥平里周围格子山（葛芝山）、注邑山、望美山、122.7高地、201高地和九龙屯、草旺里、草川里等，并在此地域内构筑工事，加固防御阵地和完善辅助防御设施，完善防御体系，组织坚守砥坪里。"①

李奇微敢于作出坚守砥平里的决策，其中不无冒险因素存在。相当关键的原因在于，原州方向的"联合国军"虽然受到攻击，但远没有发展成为横城式的溃退。对此，还有一种解释：李奇微担心志愿军向西线美军发起攻击，"中共军之所以投入如此大部队水泄不通地包围砥平里，是因为一举歼灭美第23团，尔后直捣骊州，攻击几乎处于真空状态的美第9军团右侧背"。②

如果说志愿军兵发横城，具有战役上的奇袭效果，带给李奇微以震撼，那么当原州成为双方下注的焦点时，由意志、实力、勇气带来的碰撞无疑应是激烈无比的。

"至于我们的意图则仍然是：给敌人以最大限度的杀伤，同时尽量减少我们的伤亡；保持各主要部队建制的完整性；小心谨慎，避免因敌之诡计或我之贸然行动而陷入敌人包围，被其各个击破。我们的追击要有限度，只能在仍可获得强大支援的情况下才继续追击，或者至少要在部队能及时与敌脱离接触、进行局部后撤的情况下才实施追击。"③

难砸的核桃似乎突然变得容易敲碎。砥平里，曾经攻守难择的困惑，已

① 黄经耀：《烽火年代》，宁夏人民出版社2000年版，第580页。
② 韩国战史编纂委员会：《朝鲜战争》第1卷，黑龙江朝鲜民族出版社1988年版，第533页。
③ ［美］马修·邦克·李奇微：《朝鲜战争》，军事科学出版社1983年版，第123页。

141

经在形势的发展中变得不再纠结。

2月12日12时，南朝鲜军队在横城地区的溃退，直接对美第10军的作战实力带来冲击。南朝鲜陆军总部发布第45号作战指示："韩第1军团司令部由东海岸地区移至堤川郡务道里，配属美第10军团（辖美第2、第7师）"。

12时，志愿军第42军致电第66军及各师：奉邓指命令，第66军、第42军（缺1个师）及第39军第117师担任攻歼横城及以南之敌的任务，第117师占领鹤谷里303.2高地，第66军主力由横城东北打下来，第125师插至回岩峰一带，经过11日、12日两夜战斗，已消灭该美伪军数千人、机炮数十门。横城敌主力已失掉战力，并陷混乱状态。估计横城本市有敌亦不多，残部可依托德高山，在曲桥里、平庄里、南山里、烽火峰、日贵里一带布防收容，并为掩护安兴里敌退路，还可能由原州增加部分敌人，加强这一防御。因此我攻横城布置以及夺取德高山，消灭德高山以西、以东敌人，切断南兴里、横城、原州的交通。横城有敌则消灭之，无敌则待击安兴里退敌，并准备下一步作战。

部署如下：第66军主力攻占烽火峰后由东北向西南攻占德高山，于鹤谷里、日贵里斩断安原交通，并肃清德高山南北线之敌。

第42军第124师由陵隅、曲桥里间渡蟾江，攻占274高地及平庄里，阻原州出援之敌，并以两个团由西南攻击德高山522高地，肃清山西曲桥屯、屯里带之敌。第125师控制介田里、回岩峰一带，策应第124师作战，并对下长浦方向警戒。第117师主力攻占横城，并以一个团控制立石里、青龙里高地，配合攻击德高山，肃清德高山北面之敌，留一个团控制于鹤谷里、万峰里。攻击于2月13日17时开始。

美军的防御相当坚实，沿砥平里周围高地都构筑了野战防御工事，主要阵地为228高地、凤尾山、247.8高地。主阵地构筑有暗堡、掩体、掩蔽部和交通壕。间隙地、谷地和道路均由炮火控制，并以坦克构成游动火力点，掩护阵地侧后。前沿前两道铁丝网之间设有梅花形拉雷群网，内外装有照明弹。在便于志愿军接近的地区将雪扫除，泼水结冰，不给志愿军以任何可以穿插渗透的机会。

15 时，中朝联合司令部命令朝鲜人民军金雄集团向平昌、旌善方向扩张战果。

17 时 30 分，被围于夏日、鹤谷里之敌，试图撕破志愿军第 39 军第 117 师第 349 团阵地逃命。第 349 团由鹤谷里向北攻击，第 351 团从夏日公路两侧夹击，第 66 军 1 个营由北向南攻击，将敌先头部队数辆汽车击毁，造成公路堵塞，并分割残敌成数段。至 21 时，全歼被围之敌 1000 余名。

17 时 30 分，由于志愿军第 66 军第 196 师第 587 团尚未进至曲桥里，第 66 军第 196 师令第 586 团、师直属队、第 587 团改道向曲桥里方向急行军。

18 时，志愿军第 42 军指示第 124 师、第 125 师：横城残敌已逃原州，为抓住原州敌人，你两师今夜应各自选路分头猛插，第 124 师插至大沙堤、大安里一带，第 125 师插至梅芝里控制 327.5 高地，切断原州与文幕里的联系。两师应互为依托，支援并均构筑阻敌突围及阻敌增援的两面纵深工事。注意联系位于新坪里、旦里一带的第 120 师。第 66 军已到达原州东北，并有一部切断原州、神林间联系。

22 时，志愿军第 66 军第 196 师抢占德高山、曲桥里地区。

当第 196 师出击至曲桥里时，由于补给线拉长，蟾江江水猛涨，前送的物资无法通过，致使粮食供应紧张。每天，伤员也只能吃上两顿稀饭和煮黄豆。

22 时，第 42 军指示第 124 师：即行出发，限于（2 月）13 日拂晓前由曲桥里抢渡蟾江，坚决断住并歼灭横城溃逃之敌，并阻打原州出援之敌。

22 时，彭德怀致电邓华、金雄、韩先楚并报中央军委、金日成："根据现有材料，估计南朝鲜军第三、五、八师大部被打散，少数被俘。美二师、七师、空降团、荷兰营由砥平里向原州集结，估计敌有放弃横城或集结于原州、横城配备可能。如敌放弃横城，我六十六军即控制横城及以南地区，向原州之敌进行佯攻。如敌军据守横城、原州不易攻克时，六十六军即位于横城以北以西，四十军主力位于横城西南地区，人民军控制横城东南，三面围困横城，并作攻击准备。我四十军主力及炮师应移至砥平里东南地区，准备于 13 日晚包围分割、各个歼灭美二师之二十三团及法国营。一二六师进至砥平里、曲水里以南线，阻敌东援及堵击逃敌，三十八军派一个团沿南汉江右岸阻敌支援。在我邓集团围攻砥平里之敌时，三十八军应派精干部队渗入当面敌人纵深进行牵制攻击。金集团主力在围歼南朝鲜军第五师得手后，应向苍洞及平昌江两岸寻机各个歼灭南朝鲜军第七、九两师（该两师最弱）。你们意见速告。"①

22 时 30 分，志愿军第 66 军第 196 师第 586 团、第 588 团进至曲桥里，截住由横城向原州方向溃退的逃敌。经 5 小时激战，"联合国军"的汽车大部被毁，残敌逃散。志愿军在向曲桥里穿插过程中，由于部队伴随保障的牲口多，导致行军速度过慢。第 586 团到达后，将全部牲口、重械留下，2 小时跑步前进 20 余公里，终于达到截击美军和南朝鲜军的目的。

晚上，围歼砥平里之敌的作战部署加紧进行。

志愿军第 39 军命令第 115 师、第 116 师切断砥平里通往骊州、文幕里方向的公路，阻击可能来自原州方向的援敌。但从当时情况看，第 115 师、第 116 师完全可以绕开砥平里之敌，暂时弃置美第 23 团于不顾，直趋美第 10 军侧后。

第 42 军命令第 126 师插向砥平里以南的曲水里，切断砥平里之敌向梨浦

---

① 王焰主编：《彭德怀年谱》，人民出版社 1998 年版，第 477 页。

里、利川方向的退路。

二等师，三等师？

参加砥平里地区作战的志愿军部队，除第 39 军第 115 师、第 116 师外，其他几个师都算不上最强。1951 年 1 月 25 日至 28 日，在前线的君子里召开中朝两国高级军事会议，出席这次会议的还有在第一至第三次战役中打得好的几个师的师长。这些师有第 38 军第 113 师、第 39 军第 115 师、第 40 军第 118 师、第 42 军第 124 师、朝鲜人民军第 5 军团。[①] 其中，仅有第 115 师参加砥平里作战。

各师在装备上也不平衡。如第 42 军第 124 师的装备是全部美械化，比该军的第 125 师、第 126 师都要好一些。

但是，参加砥平里作战的志愿军师级指挥员都具有专业的判断力与丰富的实战经历，他们多年的战争经验足以应对并不复杂的局面。

这些指挥员大都来自于草根阶层。在中国历史上，正是因为信奉"英雄莫问出处"的社会法则，每次社会大动荡、大变革中，草莽匹夫、落第秀才、市井小民们才义无反顾地愿意左手提着自己的脑袋、右手拿着滴血的刀斧，汇聚成改变社会的激流。这才有了昔日杀狗宰牛的草根，一夜间变成战场上指挥千军万马的将军。显然，奴隶与将军之间并无天然的鸿沟。在风云变幻的历史天空中，从刀尖铺就的舐血之路上走过的将领，正是因为来自最丰饶的社会最底层，所以无不充满勃勃生机与多样的个性品质。

草根阶层也正因为与社会现实的距离最近，生命力坚韧，才会在生理、

---

① 苏克之、汤从列：《八千里路云和月》，解放军出版社 2001 年版，第 254 页。

心理的极限中完成一次次惊险的"胜负跨越"，更显示出军人最原生态的精神魅力。其中的道理，就好比蒙古草原上飘荡的长调、陕北老农偶尔哼出的"信天游"，都要远超过某些通俗歌手们靠药物刺激发出的嘶吼。

志愿军第 42 军第 126 师师长黄经耀：

江西省于都县人，1915 年出生，1931 年参加中国工农红军，1935 年加入中国共产党。土地革命战争时期，历任红一军团政治部通信班班长等职，参加了中央革命根据地第四、五次反"围剿"斗争和二万五千里长征。抗日战争时期，历任八路军第 115 师第 343 旅第 685 团排长，苏鲁豫支队第 3 大队侦察排排长、连长、副营长、营长，新四军第 3 师第 7 旅第 20 团营长、副团长，第 8 旅第 22 团副团长等职，参加平型关、广阳等战斗。解放战争时期，历任东北民主联军第 2 纵队第 4 师第 10 团团长、第 4 师副师长、第 39 军第 115 师副师长、第一副师长，第 42 军第 124 师副师长、第 126 师师长，参加辽沈、平津等战役。

第 126 师以原南满独立第 3 师（安东军区独立师）编成。1947 年 12 月，安东军区抽调第 3 分区第 1 团、第 4 分区独立 1 团、安东市保安 1 团等部队组成独立师。在独立师期间，于 1947 年冬季攻势中参加歪头山、石桥子战役；编成野战军后，曾于 1948 年 10 月参加彰武阻击战、辽西战役。由于部队主要由原地方武装人员组成，长于游击战，在正规作战经验和技、战术素养上还不够。

志愿军第 40 军第 119 师师长徐国夫：

安徽省六安县人，1914 年出生，1931 年参加中国工农红军，1932 年加入中国共产党。土地革命战争时期，历任红 4 军第 12 师第 35 团通信排排长、连政治指导员，红 9 军政治部组织科科长、政务科科长、军政治部组织部副部长，红四方面军骑兵第 1 团团长，参加了鄂豫皖、川陕革命根据地反"围剿"斗争和二万五千里长征。抗日战争时期，历任中国人民抗日军政大学队长、第一分校营长，八路军第 129 师骑兵团参谋长，新编第 8 旅第 22 团副团长，冀南军区第 7 分区第 22 团团长。解放战争时期，历任东北人民自治军第 3 纵队第 23 旅副政委，第 9 师副师长、师长，辽南军区独立第 1 师师长、第 5 纵队第 13 师师长，第 42 军第 124 师师长，第 40 军第 119 师师长，参加了四保临江、辽沈、平津、渡江、衡宝、海南岛等战役。

第 119 师原是东北民主联军第 8 师，老底子是抗战时期山东的第 9 团（以原鲁中军区警卫营为基础）。1946 年 1 月，第 9 团与冀东第 16 军分区第 21 旅的 2 个团及部分地方新编部队组成第 8 师，属第 3 纵队建制。

该部队在东北解放区参加的主要战役有：

1946 年春，参加辽阳、本溪战斗及保卫四平战斗。

1946 年 10 月，参加保卫通化战斗。

1946 年 11 月—1947 年 3 月，参加四保临江战役。

1947 年 3 月，参加柳南歼灭战。

1947 年夏季攻势中，参加南山城子、草市、威远堡攻坚战。

1947 年秋季攻势中，参加西丰、土营子战斗及公主屯战役。

1948 年 10 月，参加义县、锦州攻坚战及辽西战役。

这支部队攻防兼备，善于阻击作战，是东北野战军的主力师。

它入朝后参加的主要战役有：

1950 年 10 月 24—28 日，参加第一次战役中的云山战斗，作战对手是美第 24 师及南朝鲜第 8 师。

1950 年 11 月 24 日，参加第二次战役中的清川江南岸战斗，作战对手是美第 2 师。

1950 年 12 月 27 日，参加第三次战役中的突破临津江战斗。

志愿军第 39 军第 116 师师长汪洋：

陕西省横山县人，1920 年出生，1937 年参加八路军并加入中国共产党。

抗日战争时期，历任八路军第 115 师第 344 旅第 689 团班长、排长、宣传干事、副连长、宣传队队长，第 344 旅作战参谋，新四军第 3 师第 10 旅营长，苏北军区淮海军分区第 1 支队独立第 2 团团长、第 1 支队参谋长，第 3 师第 10 旅第 29 团副团长兼参谋长。解放战争时期，历任东北民主联军第 2 纵队第 5 师第 14 团代理团长、团长，东北野战军第 2 纵队第 5 师参谋长、副师长，第 39 军第 116 师师长，第 39 军参谋长。

第 9 章

挑战极限：
超越胜利的战斗

在战争中，选择作战目标需要天才，定下作战决心离不开坚定的意志。但是，作战目标的实施离不开人员及物资的补给、交通、运输等最不具有想象力的行动，需要的是极其细致的耐心与枯燥的消耗统计、计算。

——特雷弗·N.迪普伊

1951 年 2 月 13 日　晴

斯大林致电毛泽东，祝贺《中苏友好同盟互助条约》签订 1 周年。

凌晨，位于鸭谷里、都仓村的志愿军第 42 军第 124 师原定赶赴横城南曲桥里以东区域，阻击原州方向北援之敌。在从横城战场奔袭原州的道路上，挤满了志愿军部队，第 40 军第 120 师、第 42 军第 125 师也都需要掉头南下。南下部队出现行军交叉，导致耽误了第 124 师行军。直至天明，仅有第 372 团 2 个营过江，全师大部分位于介田里地区等待过江的时机。这已经意味着完全封闭曲桥里——德高山"咽喉"的目标落空。白天的到来意味着战场主动权又回到美军手中，他们的空中侦察、对地攻击又变得活跃起来。志愿军难以顺利通过封锁区域。

挥师原州，出击砥平里

在是否坚守砥平里问题上，美军前线指挥员之间存在分歧。美第 10 军军长阿尔蒙德、驻守砥平里的美第 2 师第 23 团团长弗里曼，都曾向李奇微建议第 23 团于 2 月 14 日开始后撤。

但是，李奇微认为：放弃砥平里势必使西面的美第 9 军右翼暴露，面临威胁。如果美第 9 军遭受攻击，不仅使正在进行的进攻收不到预期效果，而且将难以组织有效的防御，丧失反击的重要据点。其结论是：志愿军为确保这次攻势的成功，攻占砥平里是绝对必要的。因此，"联合国军"无论如何要确保砥平里。随后，李奇微作出了死守砥平里的部署：美第 10 军以位于文幕里的美第 2 师第 38 团增援砥平里的第 23 团，美第 9 军将右翼的南朝鲜第 6 师和英第 27 旅向砥平里与文幕里之间转移，封闭美第 10 军前面的间隙。①

10 时，邓华指示：位于砥平里东南石谷里、梅月里地区的志愿军第 39 军第 116 师，向注岩里前进，封闭砥平里之敌向南撤退的道路，并阻截曲水里、骊州方向的援军。第 115 师靠近第 116 师并警戒文幕里方向援敌。第 40 军第 119 师应盯住砥平里之敌。第 42 军第 126 师插至砥平里以南地区，配合第 39 军第 116 师共同担任打援及拦阻"联合国军"的任务。

时任第 39 军第 116 师师长的汪洋后来回忆："军原计划，由 116 师攻砥平里（115 师在注岩里打援）。我根据 116 师所处地理位置，为了军能多抓一点，应调整军的决心；因 115 师在军的右侧向砥平里（在军的右前方）进攻时距离短，早投入战斗。116 师集结位置在军左翼，故执行注岩里打援，距离远些，但较顺手。即使抓不到敌人，也能保证 115 师早投入，能多抓点敌人。116 师即使抓不到，则保证了全军歼敌，对全军有利。军首长接受了我的建议，因而捕捉到这一战机。"②

10 时，根据志愿军第 40 军的指示，第 40 军第 119 师令第 356 团占领上高松、第 42 军第 125 师第 375 团占领新景满。

13 时，配属此次作战行动的炮兵第 42 团由于马匹受惊而暴露目标，遭到美军空袭，损失了两门炮。在行进过程中由于一座公路桥被炸毁，该团无工兵，无法修复，只好绕道，因而耽误了时间，无法按计划投入晚上的战斗。

志愿军在原州方向进攻的作战力量具体包括：第 40 军第 120 师 2 个团、第 42 军第 124 师 3 个团、第 125 师 2 个团，第 66 军第 196 师 3 个团、第 197 师 3 个团，共计 13 个团。

在横城地区继续担任打扫战场任务的作战力量具体包括：第 39 军第 117 师 3 个团、第 40 军第 118 师 4 个团（配属第 119 师第 355 团）、第 66 军第

① 韩国战史编纂委员会：《朝鲜战争》第 1 卷，黑龙江朝鲜民族出版社 1988 年版，第 533 页。
② 汪洋：《十次突击》，军事科学出版社 2002 年版，第 321 页。

198 师 3 个团，共计 10 个团。完成任务后，他们加入原州方向的进攻行动。

在砥平里地区先后投入的全部作战力量包括：第 39 军第 115 师 3 个团、第 116 师 3 个团，第 40 军第 119 师 2 个团、第 120 师 1 个团，第 42 军第 125 师 1 个团、第 126 师 3 个团，共计 13 个团。①

这是一个攻守皆取的分兵方案。

重点是原州，而不是砥平里！

但确保后方安全又是出击原州的前提，邓华不愿意把砥平里留作美军楔入志愿军防线的跳板。显然，邓华的基本设想是在稳定既有态势的同时，尽可能获得进攻与防守的最大效益。

在战争中，很少有作战行动是根据纯粹的假定和在完全弄清楚情况的条件下作出决策的。

对手的欺骗、保密措施，时间的紧迫性，战场自身所具有的流动多变性质，都根本不可能让指挥员在清晰地透视战场的结构、洞悉一切变化后，制定出绝对稳妥的方案。往往是在情况混沌难辨、胜负难以预料或充满变数的状态下，极不情愿而又被迫地冒险一搏。大多数时候需要靠经验、直觉、勇气来填补无法预测的未来。

冒险不等同于赌博。

冒险把胜负交给理性的判断，赌博则完全将未来托付给命运。对冒险的判断、取舍难以作定量分析，相当程度上取决于指挥员个人的禀赋、风格。

邓华在看不清形势的情况下，拿手中最后的王牌志愿军第 39 军下注，无疑充满极大风险。

晚年的吴信泉将军在回忆录中谈及当时对志愿军第 39 军的调遣情况时，

———————————

① 在 1951 年 2 月 12 日，拟订计划中攻击砥平里之敌的作战部队仅包括志愿军第 40 军第 119 师 2 个团、第 120 师 1 个团，第 42 军第 125 师 1 个团，以及炮兵团 2 个营的兵力，暂不包括第 39 军第 115 师、第 116 师。

胸中仍充斥着难以理解之气："你们看看这个行进中的攻击路线吧：一一五师、一一六师先进奉命东进，到龙头里集结；还未集结，又奉命南进，做横城战役的预备队；横城战斗结束，又命一一五师西进，从东边攻击砥平里，绕了一个大圈子，就这样拖，拖也要把部队拖垮喽！"①

第 39 军第 115 师、第 116 师摇摆不定的行军路线，正是当时邓华欲战不能、欲罢难休、纠结不已的反映。

从第四次战役开始，在筹划全局性反击方案时，夺取原州的重要性始终没有受到更多置疑。尤其是横城之战比较顺利地从美军和南朝鲜军侧翼撕开缺口后，夺取原州就理所当然地成为志愿军继续扩张战果、改变战局走向的合理选择目标。

兵贵神速，是兵家常理。但从 1951 年 2 月 12 日 8 时彭德怀发出夺取原州命令后的 36 小时内，邓华出人意料地没有立即下达具体的作战方案。

在战争的激流中总是充满艰险，尤其是在形势未明、迷雾重重的环境中。邓华更愿意在迷雾散尽后，选择稳妥、清晰的作战方案。

1951 年 2 月 13 日 14 时，邓华才首次明确攻取原州的计划，致电志愿军第 40 军、第 42 军、第 66 军，决定以第 42 军、第 66 军主力及第 40 军第 120 师，于当晚抓住原州之敌并分割原州与文幕里之敌的联系。邓华要求：第 42 军主力进至原州西南地区，截断原州之敌向文幕里和牧溪里的退路；第 66 军主力进至原州东北地区，破坏道路；第 40 军第 120 师进至原州西北地区，并归第 42 军指挥。第 39 军第 117 师，第 40 军第 118 师、第 119 师在横城地区打扫战场，于 2 月 14 日晚向原州方向行动。

下午，志愿军阻击美第 38 团于九屯里（位于砥平里东南 5 公里）以南 2 公里处的玉女峰一带。

---

① 吴信泉：《朝鲜战场 1000 天：三十九军在朝鲜》，辽宁人民出版社 1996 年版，第 359 页。

16 时，邓华决定在当晚 17 时 30 分开始围歼砥平里之敌。

负责战场指挥的志愿军第 40 军第 119 师师长徐国夫，谈了当时的作战思路："砥平里北靠凤尾山，东、南亦有些小山，中间为起伏地，村庄约四五十户（人家），原州至汉城的铁路从此通过，另有大路通向南面的骊州、利川。我判断，西面汉城为我军占领，'联合国军'不可能向西逃跑，如逃，只有东南的原州、骊州、利川，最大可能是骊州、原州，因为这两地都有敌人的部队，所以我命令 357 团由北向南攻击凤尾山，356 团和 359 团由东向西南攻击，截断通向两地通道。"

具体作战部署是：志愿军第 40 军第 119 师第 356 团迅速进至上高松，首先攻击 363、219 高地，而后沿铁路以东向砥平里攻击；志愿军第 40 军第 119 师第 357 团由望陵里出发，首先攻占广滩里，而后以 1 个连攻取葛芒山脚，监视葛芒山之敌，主力沿公路及广滩里东山向凤尾山攻击，得手后即向砥平里攻击；志愿军第 40 军第 120 师第 359 团作为预备队，在第 356 团夺取 363 高地后向砥平里攻击；志愿军第 40 军第 120 师第 375 团攻占砥平里西南外围的黄巨北山、草旺里东北山、茂村等地。

部队从下达命令到开始行动都需要一定时间。通常情况下，师级作战单位需要 4 小时左右，团级作战单位需要 2 小时左右。在接到作战行动命令时，第 356 团距离攻击阵地十五六里，第 359 团距离 20 余公里，第 375 团距离 10 余公里。由于时间有限，他们难以做好充分的战斗组织准备。

17 时，志愿军司令部命令第 42 军第 124 师向原州以南方向发展，直插文幕里与原州之间的大沙堤，计划行军路线为：介田里、玉山里、上长浦、茂长里、楼山、且勉里、大沙堤。

志愿军参加砥平里作战的部队除队属山炮和迫击炮以外，原计划配属炮兵第 42 团、第 25 团、第 29 团野榴炮支援，但由于时间仓促，加强的 3 个炮兵营均未进入阵地。其中，炮兵第 29 团（第 3 连、第 4 连）原配属第 66 军，在调整配属于第 40 军后，立即从春川以南的桃花洞向广滩里行进，但是由于美军飞机空中封锁，白天难以通行，导致未能到达砥平里地区。"我方用多建制的部队以野战方式进攻据点、防御工事是相当困难的，特别是我方火力弱，3 个师只有 3 个炮兵营，加起来才 36 门炮，临时再调炮兵又来不及，崎岖山路，火炮靠骡马牵引谈何容易？"①

17 时 30 分，砥平里之战开始。徐国夫后来回忆说："预定行动时间已到，我只好命令我 119 师 356、357 团和 120 师 359 团 2300 多人在没有炮火支援的情况下向砥平里发起攻击。出发前我向 3 个团的团长交代：'炮团已经不能参加行动，375 团又失去联系，现在只好由你们 3 个团来完成这个任务。如果砥平里真的是一两个营又准备逃跑，凭你们 3 个团截住再歼灭也不成问题。如果像李文清副团长说的那种情况，我们就要慎重啦，但无论如何，在上级没有改变决心前，我们必须坚定信心，稳中求发展。我的指挥所和你们一起行动，大家要随时保持联系，注意配合！'"

东部方向，由志愿军第 40 军第 119 师第 356 团负责。为不失时机、抓住敌人，他们白天运动至上高松北沟。下午 16 时 30 分，该团前卫连即到达 363 高地，但未发现"联合国军"，行至 319 高地也未发现"联合国军"。21 时，该团以第 1 营、第 3 营沿铁路向砥平里方向攻击前进，当到达新岱、望美山、马山时，由于天亮而停止攻击。

北部方向的凤尾山阵地，由第 119 师第 357 团负责夺取。在夺取凤尾山阵地前，必须先占领北侧的 200 高地，这是关系到志愿军部队能否向纵深发展的关键。在 200 高地前方 500 米区域范围内是开阔地，没有任何隐蔽物，积雪没膝深。该团于 17 时 30 分由望陵里攻击前进。19 时，第 1 营进至广滩里，发现"联合国军"已经收缩，恐敌跑掉，遂展开两个连，沿公路和广滩

① 吴信泉：《朝鲜战场 1000 天：三十九军在朝鲜》，辽宁人民出版社 1996 年版，第 361 页。

里东南山地向敌逼近。20时30分，第1营、第3营协同向凤尾山发起攻击。

东北方向的228高地，由志愿军第40军第120师第359团负责夺取。第359团于17时由龙头里东南沟出发，经6小时开进，在23时才到达505.5高地。根据砥平里敌情实际，第359团改变原计划，决定攻占228高地。经1小时集结准备后，即以第1营向228高地北山脚攻击。

西部方向，由志愿军第42军第126师师长黄经耀指挥，原计划"命令376团、377团两团从西和西南两个方向并肩向敌发起攻击。376团首先夺占格子山（葛芝山），并迅速歼灭327高地的敌人，尔后，继续向纵深发展，歼灭田谷敌人，配合主力围歼砥平里敌人；命377团首先夺取注邑山，并迅速向望美山、201.1高地发起攻击，将望美山、201.1高地敌人歼灭后，配合主力围歼街内敌人；师部山炮营占领多文里北沟发射阵地，准备支援376团、377团部队作战；师指挥所进入花田里西沟指挥作战。师部令378团连夜进入曲水里及其以东，控制公路两侧299高地、282高地、217高地等，组织防御，坚决阻击由梨浦里、利川方向来援之敌。进入阵地后，应立即展开，占领公路及其两侧主要制高点，抢修工事、战壕、交通壕，增设障碍物，加强防御阵地。师部化学迫击炮连、侦察连、工兵连统一归378团指挥作战"。①

在志愿军发起作战行动后，美第23团用全部火炮（各式榴弹炮24门、坦克炮21门、迫击炮51门），沿砥平里环形防御阵地实施弹幕拦阻射击。当晚，美第23团总计发射各类炮弹2.44万余发，平均每门炮发射250发。美军还按照每5分钟一发的速度发射照明弹，以支援步兵的战斗。

18时，志愿军第40军第120师按照预定部署向原州方向攻击前进，计划是：第360团进至间茂谷地区，控制342高地；第358团进至道五介地区，控制325.4高地。

---

① 黄经耀：《烽火年代》，宁夏人民出版社2000年版，第581—582页。

18时30分，志愿军第42军第126师第376团、第377团按照预定计划开始进攻。

20时，第376团、第377团分别占领葛芝山、注邑山，随后，继续向东攻击。第376团第1营在攻占葛芝山后，迅速向327高地发起进攻，但遭到守军炮火及地堡工事内火力的阻击。直到第四次攻击时，该营通过采取抵近爆破的方法，摧毁守军地堡后，才夺取327高地。第376团第2营在夺取田谷后，由于误认为已夺取砥平里而停止攻击。

22时，第377团第1营攻占201高地，第2营攻占望美山。他们在随后向东北方向进攻时，遭到阻击，因为得到第376团误将攻下的田谷当作砥平里的消息而停止攻击达3小时之久。

最宝贵的作战时机，就在对地点辨识的错误中白白地耽误了。不同于在国内战场环境作战，地图缺乏、向导缺乏都容易给志愿军带来意想不到的困难。

当时，志愿军没有准确的战场地图，只有一些从国民党、日伪、苏联方面等接收的旧地图，但是由于投影法不统一、图式混乱、不正规，在质量和数量上都不能满足作战部队的需要，通常是在原有老旧地图基础上边侦察边修改。第42军军长吴瑞林后来在回忆录中记叙了志愿军解决地图问题的办法："列车驰行在平原时，我们便坐在火车头上看地形、地物，视野开阔，可以看得极远。火车在山区行驶时，我们便坐在火车尾上看，在后面看得很仔细，夜晚我们就坐在列车长工作室座谈所见到的一切。""我们回到安东后便以两天的时间，把所看到的情况整理成材料，再参照人民军提供给我军的材料和地图，把我们看到的作战可以利用的要点，统一标在地图上。"①

在战斗中，各种偶然因素的出现都使得作战进程变得更加艰难，恰如克

---

① 吴瑞林：《抗美援朝中的第42军》，金城出版社1995年版，第23页。

劳塞维茨所说：战争是充满偶然性的领域。人类的任何活动都不像战争那样给偶然性这个不速之客留有这样广阔的活动天地，因为没有一种活动像战争这样从各方面和偶然性经常接触。偶然性会增加各种情况的不确实性，并扰乱事件的进程。

22时，第42军第124师、第125师（欠第375团）从横城西面的灵山里，经玉山里、茂长里、新坪里，向原州以西进发。

24时，第376团第1营在山炮7门、轻重迫击炮23门支援下，向砥平里发起攻击，但由于弹药有限，步、炮协同不够，以及"联合国军"火力太强等原因，连续3次攻击都没有奏效。天明后，继续坚守阵地。对当时志愿军弹药不够的问题，当时的战斗亲历者在回忆中说："听枪声，知道上半夜打得很顺。可打到下半夜时，我们的枪声弱了，敌人的枪炮声大震！""第二天，才知道是师山炮营因过南汉江后，后勤补给跟不上，弹药不够！未能很好地支援步兵。于是师里组织120名驭手，带骡子组织运弹队，为防轰炸，到（2月）14日晚才凑齐。于14日晚20时去距龙头里20多公里远的花田里运炮弹。花了三个多小时赶到那里，才知道此处只有子弹和手榴弹，要想拿炮弹，还得去几十公里外。而且还要逢山沟打听！等找到仓库，装好炮弹，已是2月15日晨5时了。因防敌机轰炸，运弹队等到晚上才往回赶。"①

夜晚，志愿军第39军第116师由新村经新仑里、三山里、农皋向注岩里前进。

"战斗一开始，进行得还比较顺利，356团、359团先后攻占了砥平里东南的几个高地，357团也有进展，约11时左右以后，我攻击部队便遇到了敌人较顽强抗击。此期间，我和夏克参谋长几次登上高地试图查清敌情，但终因夜间视线差，未达目的。但从各团汇报情况分析，敌人似乎不像逃跑，但

---

① 依豆莲花的博客：42军部队在砥平里战斗中，blog. sina. com. cn/s/blog_6d23c8e40101c9s9. html。

也不敢加以肯定。因为逃跑之敌一般也都是很重视逃前防守的。所以我命令356、359团加快攻占砥平里东南的主要高地，截断敌退路"。"经过一整夜的激战，虽没有将敌全歼，但已将敌压缩到砥平里周围一个狭小的区域内，这样利于我今晚集中力量从几个方向同时向敌发起攻击，歼灭这股敌人。"①

"这时我根据各团上报情况和我观察的情况综合分析，认为敌人不是逃跑，也绝不是一两个营兵力，很可能正如李文清汇报的情况那样。所以我让夏克参谋长坚持与'邓指'联系。在实在无法接通的情况下，我们与军电台取得联系后，令其代为转告我的判断并请求指示。但等了许久，军指挥所告知虽已将我的意见报告'邓指'，但无结果。同时透露上级有增加兵力，全歼砥平里之敌之可能。当时我们几位师领导分析，'增加兵力，全歼砥平里敌人'的可能性很大，一是此前有这个计划，二是横城战斗已结束，三是东侧敌人确实后退。如此时再投入几个团攻击砥平里，全歼敌人是有把握的，所以我命令各团巩固已夺取的各高地，保护自己，尽量减少伤亡，一定要拖住敌人，准备配合增援部队全歼守敌。"②

身处前线的指挥员从磕磕绊绊的战斗中，极其敏锐地感受到了砥平里之敌的难啃。"战斗越发展越艰苦，几乎每个高地敌人都有布防，且筑有较坚固的防御工事，加之敌人有炮火支援，轻重武器火力也比较强，所以每攻取一个高地都要付出很大代价。但我们的战士和基层干部们依然英勇顽强，毫无畏惧，充分发挥我善于近战夜战的特长，以机巧灵活的战术，将敌人的碉堡工事一个个摧毁，打得敌人乌哩哇啦乱叫。"③

当年志愿军一个军装备的无线通信机和有线电话机，仅分别相当于美军一个师同类装备的5%和34%。团配BC—322步行机、V101—B报话机各一

---

① 徐国夫：《大漠风声疾》，白山出版社1998年版，第496页。
② 徐国夫：《大漠风声疾》，白山出版社1998年版，第496页。
③ 徐国夫：《大漠风声疾》，白山出版社1998年版，第496页。

部，营配 BC—322 步行机。在当时条件下，有线联络是志愿军主要的通信方式，其次是采用无线通信及步兵、骑兵传递。无线通信容易泄密，被敌侦测到方位，使用得很少。连、营间通信联络用号音、小喇叭、哨音和徒步通信，"营以下分队应用简易通信十分普遍，是其行军、作战的主要通信手段。进攻时通常以 60 信号筒、26 信号枪等组成信号组，由 2—4 人组成。若 1 个信号组不能使所有部队观察到时，则设若干信号组"。[①]

在第二次战役结束后，志愿军司令部就志愿军通信装备问题致中央军委通信部的电报指出："步兵师只一部报话机要完成上对军和志司、下对团的联络任务是不可能的，步兵营仅一个徒步通信班要保障对上千人作战指挥的要求也是不行的。建议：增加师以上各级无线电通信器材；营成立通信排（无线、有线、徒步各一个班)，并考虑把有线电话和无线电步谈机配备至连；增加各级运动通信工具尤其是汽车、摩托车。""三次战役末起，军委通信部先后在铁原、金化、成川等地设立通信器材供应站。"[②] 但是，在第四次战役之初，志愿军基层作战单位的通信设施仍普遍不足，这也导致在以后作战行动中不同建制单位间作战配合上的困难。

第一天攻击砥平里之敌过程中，就由于通信联络上出现不少问题，致使作战行动受到很大影响。指挥员不敢使用无线电通信手段，怕被"联合国军"窃听、干扰。此外，部署变化快，未能很好地利用已配至到团的无线电台。作战过程中，仍主要以徒步方式传达命令、搜集情况，影响了对情况的及时了解与处置。

因为时间紧迫、地形因素导致架线困难，部队又处于行军之中，第 119

---

① 军事科学院军事历史研究部：《抗美援朝战争运动战若干问题研究》，军事科学出版社 1994 年版，第 149 页。

② 军事科学院军事历史研究部：《抗美援朝战争运动战若干问题研究》，军事科学出版社 1994 年版，第 144 页。

师师指挥所与所属各部之间未能架设起有线通信线路。由于通信联络方面的问题，导致各部队之间无法联系，难以协同。如第 126 师先是由第 42 军指挥，后来改由第 39 军指挥，双方的指挥通信线路始终都没有架通。第 42 军第 125 师第 375 团通过 401.1 高地之后，与第 40 军第 119 师失去联络，未投入战斗。第 119 师具体负责砥平里战场的组织指挥，要与第 39 军第 115 师、第 116 师进行联系，许多命令也不得不由邓华指挥所直接发出。邓华指挥所的通信设施相对比较完备，"邓华集团指挥所与各军有线电通信也是由各军负责架设的"①，"志司派出电台 4 部、报话台 2 部及有线电话总机 2 部、单机 10 部，单独组成邓华集团的前进通信枢纽部"②，"邓华集团指挥部电台，当时同好几个师建立了越级联络，他们主动为运动中的军师台转报、转信，有时，军师台有特急报到邓指，而此时邓指主台正与别台工作时，邓指其他台便主动出来协作回答并帮助工作。军师普遍反映，邓指台有叫必应。除了网内纵向协作之外，还有不同通信要素的横向协作"③。此外，第 119 师和邓华指挥所一直无法建立联络，必须通过第 40 军转发。

对美军防御圈的难啃，志愿军已早有认识。第三次战役中，"我军以锐不可当之势突破敌人防线，即美军防线，包围美军 18—20 处，每一处 1 个营左右。那时我们打美军也打得有点经验了，过去不是大口吃吃不了吗？就改小口吃，都是 1 个师或两个团包围他 1 个营。这样包围了 18—20 处美军的营，都是晚上突破时包围的。前面用报话机报给韩先楚以后，他很高兴，笑着对作战处副处长杨迪说：'可能也就高兴一会儿吧，等天亮了，还不知怎么样呢。'因为被围的美军都用坦克围成圈，躲在里面。我们由于突破敌

---

① 军事科学院军事历史研究部：《抗美援朝战争运动战若干问题研究》，军事科学出版社 1994 年版，第 147 页。

② 军事科学院军事历史研究部：《抗美援朝战争运动战若干问题研究》，军事科学出版社 1994 年版，第 140 页。

③ 刘宏煊：《抗美援朝研究》，人民出版社 1990 年版，第 315 页。

人防线后，追得很快很急，炮兵没跟上来，只是步兵携带着轻武器，打坦克有困难"。①

1944 年 12 月 17 日，德军第 5 装甲集团军司令曼陀菲尔采用钳形攻势包围美军第 106 师两个团，并迫使美军 7000 余人投降。面对德军坦克，美军防御圈也失效了。打破防御圈的关键是有火力。

1951 年 2 月 14 日　阴雨

凌晨，西线战场，"敌先后 5 次与（志愿军第 38 军第 113 师第）338 团 5 连争夺 580 高地。当 5 连伤亡殆尽阵地危急时，副营长袁照吉率领通信员和几名负伤的战士与敌死拼。后 6 连 1 排前来支援，将敌击退。5 连毙敌 200 余人"。②

1 时，砥平里战场。志愿军第 119 师 357 团第 3 营第 7 连副连长带领第 1 排为突击队，连长殷开文带领第 2 排在后跟进，投入战斗。"王玉岫指导员带领炮排和 2 排，机敏地通过了敌密集炮火封锁下的 500 米开阔地，踏着没膝深的积雪，继续在溜滑的冰坡上运动着。当 1、3 排在正、副连长的带领下，向敌人发起进攻时，他机智地指挥炮排以准确的炮火封锁敌人火力点，保证了 1、3 排经 3 次冲杀后攻占了 200 高地。"③ 第 3 营原本有 2 门迫击炮（炮弹 84 发）、4 挺重机枪，直接支援第 7 连战斗。但是，在第 7 连发起攻击之前，炮弹就零打碎敲地几乎打完了，到部队发起攻击时仅剩 4 发炮弹，根本无力支援战斗。4 挺重机枪，3 挺有故障。"联合国军"各类炮火猛烈，导致志愿军伤亡很大。战斗中，第 7 连的连长、副连长、指导员全部壮烈牺牲。战后，第 7 连被命名为"硬骨头连"，殷开文被追认为"战斗英雄连长"，王玉岫被追认为"战斗模范指

---

① 洪学智：《抗美援朝战争回忆》，解放军文艺出版社 2000 年版，第 105 页。
② 51304 部队：《万岁军：38 军抗美援朝纪实》，辽宁美术出版社 1998 年版，第 110 页。
③ 政协辽宁省北镇满族自治县委员会文史资料委员会：《北镇文史资料》1990 年第 12 辑，《激战中的王指导员》，第 58 页。

导员"。拂晓前，志愿军仍未能夺取凤尾山阵地，仅攻占凤尾山北山脚。

志愿军第 40 军第 120 师第 359 团以第 3 营向南越过山岗直插铁路东侧，因地形不利和遭到"联合国军"炮火杀伤，遂又于 2 时改变计划，配合第 1 营向北攻击 228 高地，形成第 1 营、第 3 营南北夹击之势。在战斗过程中，著名的爆破英雄、第 359 团第 3 营第 9 连指导员关德贵，亲自带领第 2 排作为连的突击队投入战斗。突击队大部分牺牲在炮火纷飞的前沿阵地，关德贵也献出了生命。最终，志愿军虽然夺取了 228 高地前的 3 个山头，但仍无法接近"联合国军"主要阵地。

志愿军第 39 军第 115 师进至望美山、望月里、北山里、农皋、石谷里。师长王良太、政委沈铁兵在草院里召开作战会议，计划以第 344 团为第一梯队，从望美山和马山东边向砥平里发起攻击，第 343 团为第二梯队在后面跟进，第 345 团为师预备队。但第 343 团团长王扶之认为既然砥平里之敌已经不多，建议第 343 团从望美山以西的公路向砥平里进攻，第 344 团在望美山以东沿铁路向砥平里攻击。经研究后，采纳了王扶之的建议。"一一五师作战任务，从行进间首先向东，尔后向南，再向西，从东面进攻砥平里。由于路程远，到 12 日 3 时（应为 1951 年 2 月 14 日 3 时——引者注）左右才投入进攻砥平里以东的马山战斗，当把马山打下，歼敌一个营，这时天已大亮了。一一五师打马山时，砥平里西边、北边均无枪声。实际上四十军和四十二军两个师是上半夜进攻，未果而停止了进攻。这叫没有协同，各打各的。中指（即邓华指挥所——引者注）未规定统一进攻时间，一一五师与四十军、四十二军各一个师也未沟通联络。"[①]

砥平里胜负未判、激战犹酣之时，原州争夺战的序幕已经拉开。

---

① 吴信泉：《朝鲜战场 1000 天：三十九军在朝鲜》，辽宁人民出版社 1998 年版，第 360 页。

血洒原州

位于原州西北方向的 342 高地、254 高地、325.4 高地，既是屏蔽原州的门户，又是从原州驰援砥平里的必由之路。但是，"联合国军"的防守兵力很薄弱，仅由美第 2 师第 38 团第 3 营与荷兰营驻守。

1 时，志愿军第 40 军第 120 师开始向原州防线最薄弱处发起攻击，第 360 团顺利夺取 342、254 等高地。其中，第 360 团第 1 营控制 342 高地，第 2 营控制楼山及 118 高地，第 3 营位于古吕岱保证 342 高地东南侧翼安全。

第 120 师第 358 团在向原州方向行军过程中，与第 42 军第 125 师发生交叉拥挤，导致未能按时到达指定位置。

3 时 30 分，第 358 团夺取 325.4 高地。

拂晓，由于行军路线被"联合国军"堵塞，志愿军第 42 军第 124 师改走新村、道五介。在从新村向道五介行军过程中，部队遭受"联合国军"炮火打击。部队分散集结，第 370 团位于道五介山区，第 371 团位于松江北，第 372 团位于黾尾洞。

5 时，志愿军第 39 军第 116 师第 347 团前卫第 1 营进至注岩里东及东南地区，发现美军。第 347 团团长李刚、政委任奇智指挥该团第 1 营主力由东向西攻击，以第 1 营第 2 连由南向北攻击，试图夺取西南高地，控制要点。在攻击受阻后，他们迅速调整进攻方案，增派第 347 团第 2 营从东北向西南攻击，同时，增加第 347 团第 3 营 1 个营兵力与第 1 营第 2 连并肩作战，从而对注岩里形成四面包围。被围美军先试图抢夺西侧、西北侧高地未果，后又向西、南两方向突围不成，而退缩至村内凭借坦克与民房坚守待援。

6 时，第 116 师第 347 团以美式化学迫击炮和 81 毫米迫击炮对美军进行压制射击，掩护步兵发起冲击。6 时 30 分，美军在坦克掩护下，向骊州方向突围。第 347 团利用逃敌队形混乱的有利时机，将美军割裂成数段，形成打坦克的歼灭战。数十个打坦克小组的爆破手利用爆破筒、炸药包，直接爬上坦克进行爆破。最后，歼灭美第 2 师搜索连及美第 2 师第 23 团第 11 连共计 360 余人（俘 90 人），击毁坦克 10 辆，缴获汽车 80 余辆。志愿军第 346 团到达德山里公路。从注岩里出逃的美军 2 辆坦克及搭载的 10 余名步兵，被第 346 团全歼。第 346 团前卫第 1 营第 3 连将砥平里通往骊州的公路桥炸断。第 1 营、第 2 营占领德山里公路两侧高地，第 1 营向注岩里方向，第 2 营向骊州方向，构成对内、对外正面。

6 时，第 42 军第 125 师（欠第 375 团）到达原州以西佳谷里地区。

连日来战斗、行军，战士们已经极为疲乏，体力开始下降，生病的人也增多了。

给养是任何军事行动的神经系统。

后勤供给不足导致志愿军的战斗力衰减，已逐渐显现出来。"给养的需要往往同最有效的作战行动有矛盾，会被迫在本来可以追求胜利的辉煌战果的时候去筹集粮食。整个机器因而变得笨重起来，机器的运转远远落后于计划的速度主要是给养造成的。"

"志愿军后勤于（1951 年）1 月 28 日提出第四次战役的物资供应计划，要求 3 月底以前在洪川、春川、涟川一线，储备 12 个军、7 个炮兵师的各类物资……为保障横城方向反击作战，志愿军后勤要求东线分部在扬口、春川、洪川一带储备 4 个军、1 个炮兵师的轻武器弹药 3 个基数，重武器弹药 8 个基数，油料、粮秣和副食 1 个月需要量。同时给各军补充弹药 2 个基数、白布 600 匹和被装物资的携运量。""由于准备时间短促，运力不足，而且交通线遭敌破坏严重，因此，最终大部分物资储存在纵深兵站，无法及时前送到一线兵站和各部队……到反击开始前，各军弹药储备均达到 1 个基数以上，有的部队轻武器弹药达到 2—3 个基数……给养普遍补充到 3—5 日份，有的部队达到 5—7 日份"。①

当时火车只能通至三登，从三登到洪川还有 500 多公里。汽车只能在夜晚行驶，行驶距离为 20—30 公里。

对砥平里"联合国军"的攻击，由于是从各军抽调部队参战，加上作战任务紧急，各军、师位置变化快，通信联络不畅，致使后勤保障难以及时满足作战部队需要。

在横城反击战中，第 42 军第 124 师、第 125 师反击开始时的物资保障，主要依靠部队携运补充，仅艰难地得到 5 车粮食。当前伸至原州以西地区时，第 42 军出动近 50 台汽车、各师动用大车进行伤员转运和粮食前运。但是，由于天降大雨，河水暴涨，桥梁冲垮，无法通车，在部队展开地区积压大批粮食无法前送。部队携行的粮食已消耗完，当地又无粮可筹，部队每天只能吃上一顿稀饭，前线部队曾出现断炊现象。

"在原州方向的第 42 军主力、第 40 军第 120 师及第 66 军也面临着后勤保障上的困难。此时，部队携行量已消耗完，由于加平附近大桥和华川以南大桥被炸，后勤分部汽车团无法将物资运至大站；军后勤与部队之间的距离拉长，不能及时为部队前送物资，就地筹措的粮食又太少，部队体质开始减弱，患夜盲症的人较多，仅第 40 军第 120 师就有 300 人。"②

第 42 军第 124 师师长苏克之、政委汤从列，后来回忆了在抗美援朝战争期间后勤保障上遇到的困难："第 39 军已几日缺粮，志愿军后勤部三分部派司机好不容易运来一大卡车炒面，当运到龙头里时，按三分部领导要求找第 39 军军部，但怎么也找不到军指位置。我师从原州回来后，军长电令我师速在龙头里建立防守阵地，司机找到汤从列问：'39 军在什么位置？'汤从列

---

① 丁军一：《中外后勤保障经典战例评析》，国防大学出版社 2004 年版，第 81 页。
② 丁军一：《中外后勤保障经典战例评析》，国防大学出版社 2004 年版，第 88 页。

说：'我们才从原州撤回，不清楚确切位置，大概就在这一带吧！'司机看表天将拂晓，深恐找不到第39军，怕敌人飞机于白天炸掉，随即改口说：'首长，反正在前线各军都缺粮，你就先收下，算是三分部给42军的。'……司机看前面炮火连天，不敢再往前送。司机说：'前面正在激烈战斗，叫我到哪去找39军呀！'司机再三说：'这样吧！首长：这车粮食送来不易，我已走了两夜，如天明敌机轰炸，肯定粮食被炸，我和卡车也要一起报销的。'"①

当志愿军进攻部队面临不断恶化的后勤补给时，处于围困中的砥平里美第23团并没有感受到后勤上的压力，美军空中补给线始终是畅通无阻，"美第5航空队自2月14日至16日，用C119运输机37架，给被敌包围中的美第23步兵团和法国营空投弹药、汽油和口粮"。②

美军37架C119运输机至少可以空投190吨物资，美军人均补给量达30公斤。如果按此消耗量，志愿军需要有3166匹驮马昼夜运输才能达到。由于砥平里地域狭小，道路有限，根本不能容纳下如此大数量的骡马运输队。

实际上，在砥平里地区的志愿军部队都没能得到及时有效的物资补给。对参战部队进行后勤保障，主要是靠各师自行携行量补充部队。如第42军第126师利用作战间隙，集中30多匹骡马给阵地运送给养物资。第39军第115师后勤供给部将携行的全部弹药一次性全部前送部队，但是由于在阵地争夺战中弹药消耗量大，根本满足不了部队需求。同时，由于给养缺乏，战士只能忍饥作战。

志愿军第40军第120师第360团占领的342高地紧邻公路，直接威胁美军和南朝鲜运输线。守卫342高地左侧的第1营第1连第3排第7班在占领阵地后，不怕疲劳，利用美式锹，每人挖出1米多深的工事，构筑成防空防炮隐蔽室。全班成三角队形配置在阵地上，组成交叉支援的火力网。

---

① 苏克之、汤从列：《八千里路云和月》，解放军出版社2001年版，第286页。
② 《韩国战争史》第5卷下，军事科学院战史研究部1986年出版，第52页。

6时，美军第2师第38团在3辆坦克及6门化学迫击炮的支援下，开始向志愿军第40军第120师第358团、第360团的防御阵地发起冲击。

9时，志愿军第40军第120师第359团第1营由北向西南夺占228高地未果。

10时，美骑兵第5团以汽车8辆，载步兵100余人，在梨浦里渡过南汉江增援砥平里，被志愿军第42军第126师阻击于龙头里以南地区。

10时，第42军指示第40军第120师：第360团已进到指定地区控制342高地。且勉里的美军，可能向第360团举行反击。要求该师在晚上向原州西南方向插进，并与第42军第124师、第125师联络协同作战。

如果说战前计划更多的是一幅几何图，需要构思与想象，那么，战斗指挥就更多的是一幅透视图，需要有深邃的洞察力。在这幅透视图中，砥平里、原州无疑是两个最重要的场景。

尽管围攻砥平里暂时受挫，久经战阵的邓华却没有丝毫慌乱。

对于将帅人物来说，智力活动并不是唯一的精神活动，"勇气、坚强、果断、沉着等素质就比较重要"。在重大决策问题上的果敢，是一种极其难得的品质，需要有胆略魄力、洞察见识、风险担当的素质。没有胆量，或者说胆量的成色、分量不够，所有的宏才大略、洞察微渐、决定判断都将失去依附。没有胆量去冒险，在战争中将一事无成。

错误与疏忽都存在于人的天性之中。谁是战场上的主宰者？关键往往在于更睿智的预见性判断，在于更少的错误与疏忽。

砥平里攻坚战，不能重现当年湘江血战的危急、四平攻坚的紧迫，要避免进退失据、骑虎难下的尴尬。

砥平里，需要一次猛烈的炮火。

第四野战军上上下下都通晓从大小几百仗磨砺出的"尖刀战术"。身为高级指挥员的邓华当然熟悉其中的路数：要"将小仗当作大仗打"，"在战略战役的作战部署上，都应当反对平均主义，反对平分兵力，反对同时进攻几个目标"。在力量的使用上，特别强调要形成尖刀，"集中力量来打开它，那就是把火力——锤子集中在这里……以便把我们的刀尖子——硬部队放在这点打进去，那就一定能把门打开。但若我们同时打几个门，广泛的打，那就打不开，因为我们的火力与刀尖子都分开了"。"将我军进攻的火力、兵力最大部分，采取并列纵队和纵深配备用在这个狭窄的地段上，从这个弱点里象尖刀一样的刺进去（不是象宽刀一样的砍的方式）。"①

对第四野战军的这些经典战法，邓华是烂熟于心，运用娴熟。要砸开砥平里美军这个"硬核桃"，就必须集中力量，使用尖刀、找弱点。1947 年 6 月，邓华率辽吉纵队（七纵）参与了解放战争史上著名的四平攻坚战。攻坚力量不够，致使"三战四平"成为第四野战军战史上少有的功败垂成的战例。

原州、砥平里方向的攻击同样缺乏犀利尖刀。

邓华决定在 1951 年 2 月 14 日的战斗中，加强攻坚力量。"邓副司令决心集中兵力歼灭砥平里之敌，命令各军、师 14 日做好准备，并要我派参谋去重炮团（8 匹骡马牵引的美式 105 加榴炮），令其务于 15 日拂晓前赶到砥平里参加作战，归 40 军指挥。随即，邓副司令要我起草了重新进攻砥平里的命令，决心于 15 日黄昏，采取野战攻坚的方式重新组织进攻，消灭这个法国营。"②

1951 年 2 月 14 日 10 时 30 分，邓华指示志愿军第 39 军第 116 师：砥平里之敌抵抗甚烈，第 119 师及第 126 师一个团今晚攻歼该敌。已令第 126 师主力转移至曲水里打援。第 115 师先头团已到望美里，第 116 师应以一部迅速控制注岩里以西牛头山及曲水里以东高地，有力策应第 126 师，坚决堵击、侧击南进北援之敌。务求全歼该敌。

① 中国人民解放军政治学院图书馆：《四野文电选第一辑》，第 119—130 页。
② 杨迪：《在志愿军司令部的岁月里：鲜为人知的真情实况》，解放军出版社 1998 年版，第 129 页。

根据邓华的指示，第116师令第347团控制牛头山地区，并将第348团部署在曲水里东南地区。12时，第359团第3营2个连多次攻击砥平里东北方向228高地未果，在"联合国军"反击下与阵地共存亡。最后，全营干部、战士伤亡殆尽。

第359团在砥平里之战中牺牲的连以上干部多达十数人，都是前线直接组织战斗的基层指挥员。这些骨干力量的伤亡，意味着第359团难以再有效地投入下一场战斗。牺牲者名单如下：

王福吉，第359团第1营教导员；

周志臣，第359团第1营副教导员；

张俊江，第359团第1营第2连连长；

朗奎珊，第359团第1营第2连指导员；

王本德，第359团第1营第3连副连长；

田玺瑗，第359团第1营第5连副指导员；

邵兴财，第359团第1营第6连连长；

张泉生，第359团第1营第6连副指导员；

张凤玉，第359团第3营营长；

魏子山，第359团第3营教导员；

张玉廷，第359团第3营副营长；

许传智，第359团第3营副教导员；

关德贵，第359团第1营第9连指导员；

张炳荣，第359团第3营第8连连长；

张永山，第359团第3营第8连副指导员；

······

志愿军第40军第119师师长徐国夫重新对砥平里攻击战作出部署：第119师第356团从新垡向砥平里攻击、第357团配属2个野榴弹炮连夺取凤尾山，第 120 师第 359 团配属山炮 6 门夺占 228 高地；第 42 军第 126 师第 375 团在第 356 团左侧并肩向砥平里攻击。

14 时 30 分，美第 38 团在重炮及飞机掩护下，向志愿军第 40 军第 120 师第 358 团、第 360 团阵地发起攻击。一轮轮炮火下的志愿军阵地早已经面目全非，但志愿军指战员坚守的决心在此起彼伏的爆炸声中丝毫没有退缩。

志愿军第 40 军第 120 师第 358 团坚守的 325.4 高地已被美军飞机扔下的炸弹"犁"过一遍。"部队接近原州后，敌人竭力阻拦，空中飞机和地面火炮形成密集火力网，部队伤亡很大，且重伤员多。仅第 358 团（1951 年 2 月）14 日白天就发生伤员 300 多名。"① 过多的伤亡使得第 358 团坚守的高地失守。这直接威胁到志愿军第 40 军第 120 师第 360 团防守的 254 阵地。第 360 团为保障右翼安全，以第 4 连再次攻占了该高地，毙、伤"联合国军"35 名。第 360 团第 4 连坚守至当晚 20 时许，将阵地交给兄弟部队后撤出战斗。坚守 342、254、210 高地的第 360 团第 1 连和第 2 连也打退"联合国军"多次进攻，但至当晚，254 高地失守。晚上，第 360 团决定第 1 营后撤休整，第 2 营坚守间茂谷以南高地，第 3 营负责夺取白天撤出的 254 高地。但是战至天明，第 3 营进展不大而撤守 342 高地。

这意味着从正面进攻原州的窗口已逐渐关闭。

15 时，志愿军第 42 军指示第 39 军第 117 师，由于志愿军司令部、邓华指挥所有新部署，暂时在原地停止待命，注意对原州方向侦察。

16 时 30 分，第 42 军报告邓华指挥所、志愿军司令部：仍准备执行插断原州文幕里的任务。已有 3 个团到达原州文幕里公路以南。建议第 40 军第 118 师进到三山里、长芝洞一带集结，对打援、东西策应较有利。

17 时，第 42 军指示第 40 军第 120 师：第 120 师第 360 团、第 42 军第

① 丁军一：《中外后勤保障经典战例评析》，国防大学出版社 2004 年版，第 89 页。

126 师第 357 团应坚守原阵地，并控制 325.4 高地，以配合原州文幕里公路以南作战。第 42 军第 124 师、第 125 师已有 2 个团到达原州文幕里公路以南地区。

17 时，砥平里进攻战开始。志愿军第 39 军第 115 师第 343 团、第 344 团同时担任攻击任务。第 343 团沿曲水里至砥平里公路方向攻击，第 344 团沿铁路向松岘里、玉岘里以东攻击。

17 时，从骊州方向增援的美骑 1 师第 5 团经公路到达曲水里南的茂村，由于桥梁被毁而停下来加紧抢修。骑 1 师第 5 团由 3 个步兵营和配属的 2 个野炮营、2 个坦克连、1 个工兵连组成。负责阻击的志愿军部队，包括原在曲水里附近的第 42 军第 126 师第 378 团，及新加入的第 126 师第 377 团、第 39 军第 116 师第 348 团。

到黄昏时，骊州、梨浦里方向的"联合国军"600 余人，分三路进至注岩里以南、内龙里、外龙里地区。志愿军第 39 军第 116 师第 346 团第 2 连、第 9 连并 2 个山炮连及团侦察队前出攻击内龙里南山；第 3 连、第 8 连于内龙里公路两侧构筑工事，全力阻敌北援。

志愿军第 42 军第 126 师第 378 团第 3 营卫生员徐厚魁记下了第 377 团阵地上的场景："在太阳偏西时，枪炮声逐渐平息下来。只见天空中硝烟弥漫，敌人的坦克、汽车在燃烧，被炮火炸断的树木烧焦，地上的雪也被烟熏灰变了颜色。再往远处望去，隐约看到敌人的汽车在跑动，那是敌人在拖运伤员和死尸。"①

晚上，由于美第 7 师赶赴原州为后援，志愿军第 40 军第 42 军改变了第 124 师后插大沙堤的计划，回撤至新坪里以北地区。

18 时，志愿军第 120 师第 358 团协助第 360 团坚守阵地。

---

① 政协辽宁省铁岭县文史资料委员会：《抗美援朝战争回忆录》，第 31 页。

志愿军必须歼灭砥平里之敌，以免形成胶着态势。

19时，配属第120师的第119师第355团经上、下龟谷进至茂长里、笙罩地区，做第360团的预备队。

20时，志愿军第42军命令第126师以2个团至曲水里阻击梨浦里方向的援敌，以第376团配合主力进攻砥平里。但是由于第126师在白天遭到美军飞机反复轰炸，第376团伤亡较大，该团只能以1个营发起攻击，战至2月15日黎明，未获进展。

21时，第42军指示副军长胡继成：第125师电台一昼夜未叫通，请即派第372团进新坪里以南，接应第125师及第124师第370团返回公路以北，派得力干部接送、传达命令。

21时，由于配属志愿军第40军第120师第359团的6门山炮未能按时进入阵地，致使该团的攻击时间从17时拖延至18时30分，后来又因调整第42军第126师第375团建制，攻击时间再次后延至21时。"第375团刚从大战后赶来的部队不足员，只有2700人左右，而且弹药不足。用机炮连的骡马21匹。一匹马只能按体力分驮8、6、4箱弹药。一次驮反坦克手雷约24箱，每箱装4枚；手榴弹100箱，每箱8个。打完黄巨北山，只剩不到18箱62枚反坦克手雷和700余枚手榴弹，就赶去砥平里！后来的弹药补充，只能在夜晚，在敌机轰炸中，运输艰难！"①

从北面攻击的第359团第1营、第2营在第40军第119师山炮掩护下，向228高地发起进攻。在攻击过程中，由于"联合国军"火力封锁严密，志愿军未能夺占228高地。志愿军师属山炮营装备的主要是日制41式、94式或美制75毫米山炮，对暴露之敌有比较大的杀伤力，但是对据守坚固防御阵地之敌的打击效果有限。

---

① 依豆莲花的博客：42军部队在砥平里战斗中，Blog. sina. com. cn/s/blog_6d23c8e40101c9s9. html。

21 时，志愿军第 39 军第 115 师第 344 团第 3 营到达望美山后，与第 42 军第 126 师第 377 团密切配合，攻占望美山附近 3 个高地。

21 时 30 分，志愿军第 42 军指示第 39 军第 117 师：由于砥平里之敌顽强，昨夜未能歼灭，不能很快解决战斗，美军接援砥平里之敌可能很大。志司指示集中优势兵力于原州以北以西打援，你师在殊山里尺洞之团应迅速于今夜撤到河北岸来，并留侦察队或小部队策应第 40 军第 120 师，破坏原州以北公路。

22 时，第 42 军指示第 42 军第 125 师：返回后，在文幕里北、松院洞、伊云里一带准备打从原州、文幕里出援之敌。第 124 师第 370 团可返回，在公路以北堂岘、佳谷岘靠近师主力，并派第 124 师第 372 团于佳谷里占领阵地。

22 时 30 分，志愿军第 42 军第 125 师第 357 团开始向凤尾山阵地攻击。第 357 团原计划以第 1 营夺取凤尾山左前方小山头，尔后再以第 2 营向凤尾山发起冲击。但是由于配属的炮兵第 29 团 2 个野榴炮连迟至 22 时进入阵地，22 时 30 分才开始进行射击，致使攻击延迟。

因炮火准备不足，难以发挥步炮协同威力，以至进攻主要是步兵攻击。"这次攻打砥平里，按炮兵配属编制应有统帅部炮兵及 3 个炮团、7 个炮营参加，应有 200 余门军师火炮参战，敌人未增援前，我军的炮兵如果集中使用得好，发挥作用，火力也是优势。"[1]

"加上三个多月来，由于连续打了四个战役，敌机对我后方运输猛烈轰炸破坏，粮弹告绝，有的炮兵部队有炮，但炮弹很少，关键时刻不敢过多发射炮弹，这又减弱了我火力的摧毁能力，在战术上炮兵所占的绝对优势，未能在攻击砥平里敌人时发挥巨大作用。"[2]

---

[1] 苏克之、汤从列：《八千里路云和月》，解放军出版社 2001 年版，第 287 页。
[2] 苏克之、汤从列：《八千里路云和月》，解放军出版社 2001 年版，第 288 页。

"特别是我方火力弱，3 个师只有 3 个炮兵营，加起来才 36 门炮，临时再调炮兵又来不及，崎岖山路，火炮靠骡马牵引谈何容易！"①

当时志愿军的炮兵难以发挥作用，有军事技能欠缺的因素："在一、二、三次战役中，炮兵在战术技术上暴露了不少问题，如找不到射击目标的准确位置、不会使用地图进行山地射击、行动跟不上步兵、与步兵协同作战不密切等。尤为突出的是，夜间机动能力差和不会组织防空，因而造成的损失相当惊人。有个炮兵营行军 4 夜，翻车翻炮百余次，损坏了不少车炮。"② 但是，也存在火炮由骡马牵引、机动困难，炮兵伴随支援能力弱，志愿军不愿意使用炮兵的情况。例如，志愿军在第一次战役中实有火炮 91 门，发射炮弹 505 发；第二次战役中实有火炮 272 门，参战火炮为 48 门，发射炮弹 549 发；第三次战役中实有火炮 106 门，全部参战，发射炮弹 4287 发。

步兵与炮兵间的协同配合对部队战术要求高，需要军、师、团指挥员熟悉地形，要对现地仔细侦察，选定突破口及进攻道路、进攻出发地区和炮兵阵地。这种合同战术素养，是实施现代战争的基本要求。既需要实战经验的积累，也需要长期合同训练，才能形成一支部队独特的作战技能。

在志愿军入朝前的训练阶段，"邓华等人曾在给东北军区的电报中报告说：'各级干部多为新提拔者，感觉火器多、摆不开，特别是对联合兵种作战无经验……机关干部对现代作战，老一套已不管用，新的无经验（通信、侦察），正普遍（开展）想办法运动，以提高业务工作'。③ "军事训练的不足在于，火器的应用射击技术不尽如人意，特别是步炮协同战术较差，各级指挥

---

① 吴信泉：《朝鲜战场 1000 天：三十九军在朝鲜》，辽宁人民出版社 1996 年版，第 361 页。

② 中国人民解放军历史资料丛书编审委员会：《炮兵·回忆史料》，解放军出版社 1998 年版，第542 页。

③ 军事科学院军事历史研究部：《抗美援朝战争史》第 1 卷，军事科学出版社 2000 年版，第100 页。

员的能力和水平也有待提高。"①

要使炮兵与步兵密切协同，炮兵必须有充分的准备时间。第一次战役的云山之战中，志愿军炮兵第 29 团有美制 105 毫米榴弹炮 36 门，配属第 39 军第 116 师，花一昼夜构筑阵地，做射击准备并进入阵地。第二次战役的军隅里战斗中，志愿军炮兵第 46 团第 3 连在新兴洞阻击作战过程中，从驻地到阵地 12.5 公里，用 6 小时就完成行军、阵地构筑及射击准备工作。第三次战役的突破临津江防线之战中，志愿军炮兵第 26 团、第 45 团配属第 39 军第 116 师在高浪浦里，仅用 20 分钟炮火准备就打开 2 个突破口，步兵即发起冲击。战前，炮兵用了近 7 天时间充分准备，制订了与步兵协同作战的周密计划。

作战地区形势变化快、时间仓促，志愿军炮兵部队难以跟上步兵运动节奏，往往落后于步兵的行动。这就要求对炮兵支援要提前计划，临时性招呼就难以满足作战需要。

此外，志愿军的作战时间多选择在夜晚，作战区域大部分位于丘陵地带，不便观察，需要采用地图射击法，对炮手提出了比较高的射击技术要求。

当时，志愿军炮兵司令员是万毅，政委是邱创成，副司令员兼参谋长是匡裕民。志愿军炮兵的老底子是朱瑞在东北地区组建炮兵部队时，以搜集日伪军投降时遗弃、破坏的炮兵装备为基础逐渐发展而来的。

炮兵第 42 团（配备日制 38 式野炮）。

炮兵第 44 团、第 45 团、第 46 团（配备日制 38 式野炮）。

炮兵第 25 团（配备日制 100 毫米榴弹炮及日制 38 式野炮）。

炮兵第 26 团（配备日制 100 毫米榴弹炮、日制 38 式野炮、日制 90 式野炮）。

各师：编制 1 个山炮营、3 个连，配备日制 41 式、94 式或美式山炮 12

---

① 军事科学院军事历史研究部：《抗美援朝战争史》第 1 卷，军事科学出版社 2000 年版，第 105 页。

门，每门炮携带炮弹 40 发，以马匹驮载。

各军：编制 1 个火箭炮营、3 个连，配备 6 管火箭炮 9 门、单管火箭炮 9 门，以汽车运载。

1951 年 2 月 14 日 23 时 10 分，志愿军第 39 军第 115 师第 343 团第 2 营第 5 连在闸岘地区遭遇美第 23 团。根据敌情，该团团长王扶之、政委王国英决心以第 2 营夺取马山以南高地，第 3 营从望美山北侧进攻，会合后向砥平里方向攻击。战斗至 2 月 15 日凌晨，第 2 营按计划顺利夺占闸岘、马山及附近地区 3 个高地，歼敌数十名（俘 5 名），到达指定会合地区。但是，第 3 营在前进时因进攻路线出现差错，未能按预定计划与第 2 营会合，迟至 2 月 15 日 3 时才与第 2 营联系上。

24 时，第 115 师第 344 团团长徐鹏、政委姜石修指挥第 1 营向砥平里东南铁路西侧小高地发动攻击。由于没有组织炮火掩护，志愿军连续攻击三次未能成功。战斗至 2 月 15 日 4 时，第 1 营撤至铁路以东山地坚守。

砥平里之敌向志愿军第 42 军第 126 师控制的 327 高地、田谷、望美山等地发起反击，企图夺回失去的阵地。志愿军炮兵第 25 团第 1 营在该团副团长石岩指挥下，配合第 126 师参加战斗。炮兵第 1 师政委张英记下了当时的情况："我炮兵第二十五团第一炮兵营立即开炮，以集中的炮火压制敌火力点。我步兵在炮火掩护下发起了冲锋，虽有较大的伤亡，但终于迅速攻占了敌人的阵地。""眼看东方欲晓，我军如不立即撤出阵地，待天亮后就难以撤出了，特别是炮兵机动性较差，更需早撤。（炮兵第 1 师师长）文击同志和我向邓华副司令员建议，天亮时步兵要掩护炮兵撤出。""炮兵二十五团第一炮兵营圆满地完成了砥平里作战任务又完好无损地撤出战场，因此受到志司首长和师首长的表扬。"①

---

① 政协辽宁省盖县文史资料征集委员会：《盖县文史资料》第 7 辑，第 44 页。

攻坚手段欠缺

志愿军在抗美援朝战争运动战阶段的反坦克武器，主要是步兵分队的火箭筒、地雷、反坦克手雷、集束手榴弹、爆破筒和炸药包。"中国人民志愿军出国作战时，反坦克武器奇缺，只有缴获的美式60及88.9毫米火箭筒642具，57毫米无后坐力炮29门，而且火箭弹、炮弹有限，入朝部队每个营只有火箭筒3具。"[1] "在准备工作中，就提出号召，若炸毁敌人一辆坦克立功一次。除工兵外，步兵也进行了使用小包炸药、爆破筒等炸敌坦克的教育训练……出国前做准备工作时，我军从沈阳的北陵机场，运回了十多辆日本人的破坦克，每团一辆，进行反复的训练、教育和破坦克的演习。"[2]

"毛主席又问：你军有多少火箭筒？我又沉思一下回答说：少数的连队有两门，多数连队是一门。主席又问：是什么口径？我回答说：多数是30（毫米）的，少数是40（毫米）的……我军第一次战役，从美陆战1师缴获了四门85（毫米）口径的，第二、三次战役又各缴了五门85（毫米）口径的。"[3]

砥平里之战中，由于志愿军步兵仓促攻击，炮兵缺乏协同，难以集中实施攻击。

美第23团团长弗里曼在砥平里防御圈内配备了6门155毫米榴弹炮、18门105毫米榴弹炮、6辆M16四联高射机枪车、4门M19自行高射炮、14辆坦克和51门迫击炮。在防御圈的前沿，绕着坦克挖了壕沟，密集地布置了防步兵地雷和照明弹。各阵地之间的结合部，用M16高射机枪车和坦克作为游

---

① 张治宇：《猛将军用词严谨》，《领导文萃》2008年9期。
② 吴瑞林：《抗美援朝中的第42军》，金城出版社1995年版，第123页。
③ 吴瑞林：《抗美援朝中的第42军》，金城出版社1995年版，第113页。

动火力严密封锁。在中国士兵可能接近的地方，还泼水制造冰坡。弗里曼把团部的炊事员、文书、司机组织成最内层的防线，给这些人发了 M1 步枪、0.3 口径卡宾枪或半自动步枪，在必要的时候做最后的搏斗。

由于通信联络差、转隶关系变化大，志愿军在后勤保障中出现差错。第 39 军没有日制 92 式重机枪，志愿军后勤部第 2 分部却送来 30 万发 92 式枪弹。部队需要 81 毫米迫击炮炮弹，而收到的是 120 毫米迫击炮炮弹。

当时，志愿军第 40 军第 119 师的每门火炮只有 20—30 发炮弹，还难以及时得到后方前送，无法对"联合国军"实施持续、有效的火力打击。

主动撤出

1951 年 2 月 15 日 阴

志愿军第 38 军继续在汉江南岸坚持战斗。"38 军的实力已减少到入朝以来的最低限度，许多班排已在汉江南岸的坚守中与阵地同归于尽。步兵连的战斗员平均在 5—40 人者占连队总数的一半，41—60 人者占四分之一，60 人以上者不四分之一；枪支、弹药缺得更甚。"①

483 高地，积雪覆盖的山地已变成一片黑色，志愿军战士们吃雪止渴要到半公里外去。阵地上的树都留下了大大小小的弹痕，大树根也被炸得从地底下翻了出来。前沿阵地工事几乎被"联合国军"摧毁。

志愿军第 42 军第 124 师退守上多屯、下多屯、新坪里区域。在中九岘，第 124 师第 370 团支援第 125 师。

凌晨，美第 2 师第 23 团开始组织力量进行反击，试图夺回已失的阵地。

---

① 51304 部队：《万岁军：38 军抗美援朝纪实》，辽宁美术出版社 1998 年版，第 112 页。

志愿军第 39 军第 116 师第 348 团到达曲水里东南山地，在上九里、长丰里地区转入防御。

面对胶着的砥平里战况，邓华指挥所决定调整部署，加强攻击力量。随军记者华山，记下了原定南下进攻原州的志愿军第 40 军第 118 师回撤砥平里的一幕："通知：阳德院里以南龙头里往南，砥平里沟子里，美 2 师一个团和法国营被 119 师压住了。要 118 师黄昏后赶 140 里去参加歼灭敌人。""公路上，炮兵正向原州方向运动，还不知这个任务。指挥车沿途通知：后卫变成前卫，先放下打原州的任务。步兵纵队、炮兵纵队、汽车队，还有扔在公路上的破烂车辆，扭成花绳子。""到下高松，已（凌晨）1 点 30 分。"

"黎明，彭科长来，说部署变了：敌骑 1 师、伪 6 师、英 27 旅、美 25 师都往这边增援。"①

2 时，志愿军第 39 军第 115 师第 343 团第 2 营攻占美军驻守的闸岘、马山及其东、西、北面的 3 个高地，突进砥平里街内。但是，由于该团第 3 营进攻方向错误，未能与第 2 营及时会合，迟至 3 时才取得联系，丧失了扩大突破口、发展战果的时机。

2 时 30 分，志愿军第 42 军指示：第 124 师集结于判岱里、院岱洞、松院洞一带准备打文幕里北援之敌，第 125 师集结于石花村一带整理。

3 时，志愿军第 39 军第 116 师第 346 团第 2 连、第 9 连先后攻占 3 个山头，后因遭"联合国军"炮火袭击，撤出战斗。

3 时，由于攻击不利，志愿军第 40 军第 119 师师长徐国夫下令，第 119 师第 356 团、第 357 团，第 120 师第 359 团停止攻击。徐国夫后来在回忆录中记述了当时的战场形势："经过两昼夜激战，砥平里外围高地均为我军占领，敌退缩在不到两平方公里的起伏地带，凭借房屋、据点式工事及强大炮火顽

---

① 华山：《朝鲜战场日记》，新华出版社 1986 年版，第 94 页。

强反抗。这时，如果我有炮兵支援，凭 3 个团现有兵力也有把握全歼守敌。但无炮兵支援，仅以我战士手中的轻武器攻击，实在力不从心。因为敌人除各种火炮外，还有坦克，当时我们已没有专门对付坦克的重磅手榴弹和爆破筒，更何况各团在攻占高地时已出现很大伤亡。至此，我们与敌人形成了暂时的对峙。"[1]

砥平里之战中，志愿军在昼间防御中的伤亡比较大。由于缺乏有效的对空防御手段，导致在美军空袭中被动挨打，因此，多数志愿军部队"宁愿攻三个山头，不愿守一个钟头"。

没有坚固的阵地工事，是难以进行坚守防御的重要原因之一。志愿军的工具不够，均为小锹小镐；而且部队调动频繁，行军疲劳。

作战区域的地理条件，也是影响工事构筑的重要原因。砥平里地区的山脉主要由花岗片磨岩、花岗岩等构成，地质坚硬，超过表土 0.5—1.2 米左右，通常需要进行爆破作业。此外，朝鲜北纬 38 度—40 度地区从 10 月底就开始冻冰，一夜冻结 5—10 厘米，在日出 6 小时后就融化，日落后又重新冻结。11 月中旬开始降雪，标高 500 米以上的山岭阴坡积雪 10 厘米左右，冻土层日渐增厚。11 月底以后，标高 300 米以上的山岭阴坡，最厚冻土层达 1.5 米。12 月至次年 1 月间，山地积雪平均 20—30 厘米。2 月中旬开始降雨，最下面的冻土层开始解冻；至 3 月上旬，为昼化夜冻时期；一般至 3 月下旬，冻土开始解冻。

以在冻土上构筑工事为例，深度 1 米以内的冻土上，每立方米工事需 6 小时/人左右。构筑一个最简单的散兵坑需要 3—4 小时，基本上可以达到以下标准：深度 1.1 米，上部宽度 0.9 米，底部宽度 0.5 米，"掩体胸墙（前部积土）厚度应能抵抗枪弹的贯穿，沙质黏土不小于 1.2 米，沙土不小于 0.9

---

① 徐国夫：《大漠风声疾》，白山出版社 1998 年版，第 497 页。

米，夹石土不小于 0.7 米，冻土不小于 0.9 米"。①

志愿军挖掘的战壕一般深仅有 0.6—0.8 米，宽 0.5 米；火力点上的掩盖层多为一层木头及数十厘米积土，难以抵御美军重炮火力。美军 105 毫米榴弹炮炮弹在黏土、沙土层的侵彻深度达 0.8—0.9 米，破坏半径为 0.5—0.7 米。

1951 年 2 月 15 日拂晓，志愿军第 66 军到达原州东南地区。根据该军军史记载，第 196 师抵讲林里，第 197 师抵新朴洞，第 198 师抵车踰洞地区，直接威胁原州美军侧背，吸引美军主力陆战第 1 师、第 24 师、骑兵第 1 师东援，牵制了美军向汉城方向的进攻。

4 时，志愿军第 40 军第 120 师第 359 团第 2 营、第 3 营撤回至攻击出发地。

志愿军后勤部第 2 分部从咸兴调往春川、洪川地区，距离参战各军后勤 20 公里左右。"据统计，敌平均每天出动飞机 800 至 1600 架次，其中用于封锁和破坏我交通运输线的飞机占 70%左右。"

砥平里作战的后勤保障，只能靠各参战师后勤的现有力量跟随部队实施。"（第 42 军）第 126 师后勤利用作战间隙，集中 30 匹骡马给部队前送一次炒面。第 39 军从东豆川等休整地域到东线龙头里作战集结地域距离 80—120 公里，由于作战物资储备不足及准备时间短暂，难以进行充分保障。（1951 年 2 月）15 日 4 时，主攻团攻下马山后，（第 39 军）第 115 师后勤供给部长带 30 多人扛弹药给该团进行一次补充。15 日白天，部队在马山与敌反复争夺，物资消耗量很大，师后勤又将运行的全部弹药一次全部前送给部队，但由于数量少，摧毁不了敌人以坦克为主的防御，满足不了部队需要，携运行给养物

---

① 张海亭、于守诚：《野战筑城》，解放军出版社 1990 年版，第 28 页。

资此时消耗殆尽，就地又无粮可筹，很多部队只能忍饥作战。"①

7 时，邓华向彭德怀报告 2 月 14 日夜的战况，决定继续攻取砥平里。

7 时，志愿军第 39 军第 115 师第 343 团位于光阳及其以南，并控制马山及公路山口。第 344 团控制新岱及以西望美山以西山区，主力位于石佛。第 345 团位于茂村及以东山地。师指挥所不动。各团具体布置为：第 343 团以第 1 营 1 个排控制马山，以第 1 营、第 3 营现有阵地为主阵地。第 344 团以第 1 营第 1 连与"联合国军"对峙，营主力位于望美山；第 2 营位于草望里以西山地；第 3 营位于新岱；团指挥所位于石佛。

从骊州方向驰援受阻于茂村的美骑 1 师第 5 团抢修完桥梁后，加紧向砥平里方向前进，在到达曲水里附近时，先后向志愿军第 39 军第 116 师第 348 团第 3 连、第 8 连发动连排级规模进攻，但直至中午仍没有取得进展，其增援砥平里的意图没有实现。

8 时，志愿军第 39 军第 115 师"344 团 3 营攻占车站东南 3 个小山头后，因天明即令 9 连固守该阵地，该连以 1 个排附重机枪一挺固守阵地，连主力在山下隐蔽，从 8 时至 13 时，敌以小部队（1 个排）在迫击炮掩护下，连续 4 次反击均被击退，13 时以后，敌以飞机配合扫射轰炸投掷汽油弹，阵地全部烧着，但部队仍沉着应战，连续打垮敌人 2 次反击。15 时因战车增援，同时该连伤亡惨重，无力抵抗，全营撤至望美山下新岱一带集结"。②

8 时 30 分，志愿军第 42 军第 125 师报告伤亡大、弹药缺。第 42 军指示，第 124 师摆在前面，第 125 师向后一些。

时任志愿军第 39 军军长的吴信泉后来回忆说，1951 年 2 月 15 日上午，"邓华指挥所发来了电报，让 3 个师的攻击部队归四十军统一指挥。这又使我

---

① 丁军一：《中外后勤保障经典战例评析》，国防大学出版社 2004 年版，第 88 页。
② 吴信泉：《朝鲜战场 1000 天：三十九军在朝鲜》，辽宁人民出版社 1996 年版，第 359 页。

非常纳闷：邓指电报可以直接发 3 个师，完全可以统一攻击行动，为什么中途又授权四十军？何况打砥平里的四十军——九师战斗力较弱，这个师的主力团打横城时配属——八师，一时抽不回来，打凤尾山和 228 高地都是三等团，或是攻不下来，或是攻下来又守不住"。①

西线的美骑兵第 1 师、英第 27 旅、南朝鲜第 6 师，已于 2 月 14 日起开始东援，邓华也迅速调整部署。

1951 年 2 月 15 日 10 时 40 分，志愿军第 42 军报告邓华指挥所及志愿军司令部："我们经过三次战役未经补充休整，由整训转入作战思想物资准备均不够充分，经半月余阻击战，伤亡消耗 2500 余人，而营团干部较前三次战役伤亡大，38、50 军可能还大，现我们像样的连队确无几个，因此迅速取得胜利、打退敌人攻势对我有利，拖久则不利，为此建议速增加攻打砥平里的兵力、火力。（第 39 军）117、（第 40 军）118 师及我炮团参加攻击，我组织（第 40 军）120、（第 42 军）124 师打援，第 66 军钳制原州敌人，歼灭砥平里之敌后再挺进。目前对原州、文幕里之敌不作包围部署，只是钳制。战役发展请作准备充分，万一解决不了砥平里之敌，我则代价太大，敌人的连续攻势会跟着来，速调战略预备队及补充各军新兵速来，我再争取从防御中转为攻势歼灭敌人，要有攻势防御准备。"

11 时，志愿军司令部决定对围歼砥平里之敌进行新的部署：

第 39 军第 116 师、第 42 军第 126 师控制牛头山和注邑山，阻击梨浦里方向援敌。第 39 军第 117 师赶到骊州以北的注岩里、上桥里、西院里，阻击骊州方向援敌。

第 40 军第 118 师进至仓里、下物安里地区机动。

第 40 军第 119 师、第 120 师，第 39 军第 115 师，第 42 军第 126 师部分

① 吴信泉：《朝鲜战场 1000 天：三十九军在朝鲜》，辽宁人民出版社 1996 年版，第 360 页。

部队，围歼砥平里的"联合国军"。

第 42 军第 124 师在间茂谷地区阻击原州之敌。第 125 师机动至文幕里以北的判岱里、伊云里地区，阻击文幕里之敌。

第 66 军负责阻击原州之敌向东北方向出击。

11 时、12 时、12 时 30 分，邓华指挥所连续向有关各部队发出 3 封急电，决定增加攻击砥平里和打援的兵力。当时美军的援兵情况是：梨浦里至砥平里仅 20 公里，美军火力可以交叉，志愿军很难阻住。而且，美军援兵已过南汉江，先头部队到达曲水里。志愿军如与美军胶着，将产生严重后果。

担负阻击骊州、原州向砥平里增援之敌任务的志愿军第 42 军第 126 师主力，因在运动中与美军第 2 师在注岩里遭遇而受阻，难以实现原定打援部署。[①]

11 时 40 分，志愿军第 42 军指示第 39 军第 117 师：应准备今夜西去作战。

2 月 15 日，志愿军第 39 军第 115 师第 343 团以第 3 营固守马山 3 个山头；第 1 营以第 4 连、第 5 连固守，第 6 连为预备队。当志愿军部队停止进攻时，"联合国军"即发起数次反击，均被志愿军打退。待天明后，"联合国军"以飞机、炮火配合，向志愿军马山阵地反击。志愿军因地形不利，队伍太密集，以致伤亡较大。但该营干部均抱与阵地共存亡的决心，互相鼓励，随时调整组织，打退"联合国军"16 次有组织的反击，始终坚守了阵地。[②]

12 时 30 分，志愿军第 39 军向邓华指挥所及中朝联合司令部就砥平里作战问题提出建议：

邓（华）并报彭（德怀）、朴（一禹）、洪（学智）、解（方）：

据我 115 师审讯砥平里战俘，供称：该敌为美 2 师 23 团全部（可能为 2 个营）、9 团 1 个营、法军 1 个营共 3 至 5 个营，连坦克炮兵共五六千人。以

① 罗印文：《邓华将军传》，中共中央党校出版社 1995 年版，第 214 页。
② 吴信泉：《朝鲜战场 1000 天：三十九军在朝鲜》，辽宁人民出版社 1996 年版，第 361 页。

凤尾山与 228 高地为依托（山上有地堡，重火器集中该地），并以坦克做活动地堡控制市区对我顽强抵抗，整个火力兵力比较集中。我攻击地区狭窄，难以集中兵力全歼该敌，建议以（第 40 军）119 师全部与 115 师 1 个团全力攻取桥头阵地凤尾山与 228 高地。115 师 2 个团全力解决市区之敌（另 1 个团做预备队），并建议以（第 42 军）126 师在砥平里北面向东实行助攻。由你统一指挥具体部署，向敌发起攻击。同时，应组织强大炮兵群（随 119 师之炮 29 团与 42 团），在攻击之前猛烈轰击凤尾山 228 高地与砥平里市区（不要轰击铁路以南以免误伤 115 师部队），并建议各部统一在今夜 22 时发起攻击。我 116 师则集中于牛头山以东，注岩里南北地区，坚决阻援牛头山以西，抽 1 个营进至农皋阻击文幕里援敌。曲水里方向阻援任务则由 116 师主力负责。如果今晚炮火准备不及不宜发起攻击。

以上可否请速示。

13 时，邓华致电彭德怀、朴一禹："从整个情况来说，今晚继续攻击砥平里原为有利，但准备来不及，又会形成仓促作战，故于今明两日进行准备，调整兵力、火力，决心明晚攻歼该敌，估计准备后再攻是可能将该敌歼灭的，但如明晚万一再打不下，攻势可能形成胶着，对我不利（因敌形成据点防御，我炮火又少）。如果打，则决心以三至四天时间，顶住敌人增援，彻底歼灭之。否则，将主力撤至横城以北，求得再从运动中歼敌。如何？请示。"①

13 时 30 分，志愿军第 42 军向邓华指挥所报告：第 125 师、第 126 师均未发现当面之敌准备进攻。

15 时，志愿军第 39 军"116 师拟于当晚继续攻击，但下午奉命决定该师配合 40 军于（2 月）16 日晚继续攻击该敌，并调整部署。以 117 师接替注岩里一带防务，116 师进至曲水里以南阻击北援之敌，42 军全部于文幕里以北

---

① 军事科学院军事历史研究部：《抗美援朝战争史》第 2 卷，军事科学出版社 2000 年版，第 240—241 页。

农皋地区阻击原州增援之敌"。①

15 时 30 分，美骑 1 师第 5 团以 30 余辆坦克、160 余名步兵组成先遣支队，在大批飞机的支援下，越过曲水里的志愿军阻援部队防线，冲过志愿军第 39 军第 115 师第 343 团团指挥所向砥平里突进。"美第 5 团战车二十余辆由曲水里方向增援砥平里，因情况突然，事先不了解，发现战车时已冲至团指挥所，严重威胁 2 营侧背，团即令 2 营立即向 3 营主阵地转移，当战车沿公路向我侧后冲来时，我 1、3 营即在公路两侧展开交叉火网，将敌战车上之一个连全歼，生俘营长以下 20 余人，并击毁战车 4、汽车 1。"②

17 时，志愿军第 42 军指示第 124 师、第 125 师及第 40 军第 120 师：邓华指挥所命令以 1 个师控制松院洞、伊云里阻打敌援，以 1 个师控制新坪里、间茂谷钳制原州之敌西援。第 120 师调石花村机动。第 124 师第 371 团、第 372 团跨蟾江坚守新坪里、间茂谷地区阵地。第 125 师指挥第 124 师第 370 团在松院洞、伊云里地区执行阻击敌北援任务，并派部队接替第 120 师防御任务。

17 时 10 分，第 42 军指示第 39 军第 117 师：即刻出发，开进至注岩里、上桥里、内龙里地区阻敌增援。

17 时 30 分，彭德怀在分析战场形势后认为："如继续组织力量攻击砥平里之敌，即使能够攻克，就整个态势来说，再各个击破敌人，造成战役的有利形势，已慢了一步；除非我在攻克砥平里的同时，能够击溃并歼灭相当数量的援敌，我军主力能适时进至长湖院里以南地区，才能迫使敌人全线退却，但依现有敌我力量对比来看，这种可能性很小。"③ 他电示邓华停止攻击砥平里：

---

① 吴信泉：《朝鲜战场 1000 天：三十九军在朝鲜》，辽宁人民出版社 1996 年版，第 361 页。
② 吴信泉：《朝鲜战场 1000 天：三十九军在朝鲜》，辽宁人民出版社 1996 年版，第 361 页。
③ 军事科学院历史研究部：《抗美援朝战争史》第 2 卷，军事科学出版社 2000 年版，第 241 页。

13 时电悉，同意你停止继续攻击砥平里敌之意见。今晚于砥平里南面留下较大缺口，同时由东西北三面积极佯攻，让其西跑时以一小部追击之，主力即隐蔽移至阳德院里、花田里之线及东西以北地区，待机于运动中歼灭来犯之敌。横城以南以北，应留置六十六军，构筑防御阵地，坚决迟阻敌人，请你依此意图具体部署之。①

"在横城反击胜利后，在围歼砥平里之敌未能奏效时，决心撤出战斗是正确的。但是，由于我军在指挥上的一些失误，敌人机械化增援迅速，砥平里守敌顽抗固守得逞，使美军在此后的作战中才敢于在战术上固守一点，顽强待援了。同时，我军没歼灭砥平里之敌，说明了对现代化装备的敌人的进攻，必须周密侦察，充分准备，步炮要密切协同，要有优势兵力、火力并迅速分割包围，予以全歼。"②

18 时，志愿军第 42 军致电第 124 师：124 师可用两个营控制新坪间茂谷一线，主力置汉江北岸控制 337.9 高地，保证侧翼安全，（第 39 军）117、（第 40 军）120 师均西调。

18 时 30 分，邓华指挥所发出决定停止攻歼砥平里之敌的电报：

彭（德怀）、洪（学智）、解（方）并金（雄）、韩（先楚）：

各路敌均已北援砥平里之敌，骑 5 团已到曲水里。今上午已有 5 辆坦克到砥平里，如我再攻歼砥平里之敌将处于完全被动无法机动，乃决心停止攻击砥平里之敌。已令 40 军转移至石阳、高松里、月山里及其以北地区。39 军转移至新旧仓里、金旺里、上下桂林地区。42 军移至蟾江北岸院岱洞、山岘以北地区。66 军移至原州东北地区。（第 42 军）126 师转移至多文里、大兴里及川北地区，并以一部控制注邑山。各军集结后，再寻机消灭运动中之敌。因时机紧迫，未等你回电即行处理毕。

---

① 转引自吴信泉：《朝鲜战场 1000 天：三十九军在朝鲜》，辽宁人民出版社 1996 年版，第 362 页。
② 洪学智：《抗美援朝战争回忆》，解放军文艺出版社 2000 年版，第 134 页。

1951 年 2 月 15 日晚，参战志愿军每个师的伤员都有 600 多名，由于全力抢救后送，均及时转到师后勤配置地域。志愿军第 39 军第 115 师的重伤员达 100 多名。

22 时 30 分，志愿军第 42 军致电第 124 师、第 125 师等部："奉邓（华）示敌骑五团已到曲水里，再攻砥平里将处被动，决心停止攻击，并速运动中，积极寻机歼灭敌人以扭转战局，彻底粉碎敌攻势。"

2 月 16 日拂晓前，志愿军前出至原州附近的各军也同时北撤，向龙头里、横城、洪川一线以南地区集结。

2 月 17 日，彭德怀在给志愿军各军并报中央军委的电报中，对抗美援朝战争第四次战役第一阶段的作战情况作了评价：从此次敌人进攻中可以看出，不消灭美军主力，敌人是不会退出朝鲜的。这就决定了战争的长期性。同时，这次敌之进攻，比第一、第二两次战役时敌之进攻所不同之点是：兵力多，东西两线兵力靠拢；纵深大，齐头并进，相互呼应。经我韩（先楚）集团顽强积极防御，23 天毙伤敌万余，致敌未能占汉城，吸引敌主力于南汉江以西，并赢得时间，使我邓（华）、金（雄）集团歼灭横城地区伪 8 师、美 2 师 1 个营及伪 3 师、5 师各 1 部，共毙伤俘敌约 1.2 万人，取得反击战的第一个胜利。但胜利极不完满，未能适时切断敌之退路，使被围之敌大部逃脱。（2 月）13、14（日）两晚，攻击砥平里之敌，虽有进展，但敌迅速纠集 3 个师增援。进至横城之敌虽被击溃和消灭，但原州敌纵深仍未打破。各个歼敌时机已慢了一步，遂将主力转移到上荣峰里、洪川线及其东西地区待机歼敌。①

对于砥平里之战，彭德怀曾专门指出："我经过出击，胜利了，但胜利不大。砥平里未解决，即使解决了敌人也不会退，因我力量不够，敌纵深大。"②

① 转引自洪学智：《抗美援朝战争回忆》，解放军文艺出版社 2000 年版，第 128 页。
② 彭德怀在志愿军党委会议上的讲话，1951 年 4 月 6 日。

砥平里战斗之后，志愿军司令部、第 39 军、第 40 军等部，都进行了检讨，总结了教训。综合这次战斗没有打好的主要原因是："志愿军连续经过三次战役，部队相当疲劳，兵员消耗很大，有些部队伤了元气，第三次战役后由休整被迫转入应战，各方面的准备均不充分，物资弹药供应不上，攻击火力弱，火炮少弹药不足，碰到'硬骨头'啃不动"，"此次战斗的教训说明，对现代化装备、工事坚固之敌据点的进攻，战前必须有详细侦察，对敌情、地形、工事确切了解，充分准备，选好突破口，集中绝对的优势兵力、炮火，实施重点突破，特别要组织好火力和诸兵种的协同作战。平分兵力，火力分散，仓卒进攻，不能奏效"。①

从砥平里受挫到金城告捷

虽然在第四次战役第一阶段横城作战中，志愿军给"联合国军"以重创，有力地配合了西线志愿军第 38 军、第 50 军对"联合国军"的抗击，但是，在未能取得预定作战效果的砥平里之战结束后，"敌攻我守、敌进我退"的态势越发明显起来。新的战场形势要求志愿军高层作出调整，寻求更有效的作战方略。

从志愿军入朝参战后，中央军委、志愿军高层就始终针对"联合国军"作战特点及战场形势发展变化，及时制定有效的制敌之策，体现出胜敌一筹的作战智慧。

砥平里之战加速了这种调整、变化的到来。

身处作战前线的彭德怀，更迫切地感受到需要采取应变之策。

---

① 军事科学院军事历史研究部：《抗美援朝战争史》第 2 卷，军事科学出版社 2000 年版，第 241、242 页。

1951 年 2 月 20 日，彭德怀"整理与金日成会谈内容及准备提请中央解决的志愿军存在的困难、问题，特别是有关空军入朝作战和修建机场问题、铁路维修问题、战略方针问题、后方供应问题。最后和洪学智、解方共同研究了当前工作安排和志愿军司令部南移地点问题。晚上离开君子里乘车北上直奔安东"。①

2 月 21 日清晨，彭德怀"抵安东。下午 1 时乘专机飞抵北京西郊机场后，立即乘车直奔中南海。因毛泽东不在，又赶赴西郊玉泉山毛泽东别墅。但毛此时正在午睡，他不顾警卫人员劝阻，推门而进，将毛唤醒后即向毛泽东汇报朝鲜前线敌我情况和志愿军面临的许多严重困难，请中央迅速设法解决，否则将延长战争时间。毛泽东听后说：'根据现在情况看来，朝鲜战争能速胜则速胜，不能速胜则缓胜，不要急于求成'"。②

彭德怀在回国期间，先后两次与毛泽东、周恩来共同研究抗美援朝的作战指导方针。毛泽东明确指出："战争准备长期，尽量争取短期"。③ 正如著名军史专家徐焰教授所说："这些观点同第二、第三次战役结束时的观点相比，对于现代战争的认识已有了很大提高。"④

然而，这种认识仅仅是朝鲜战场作战指导思想变化的起点，直到第五次战役才完成。5 月 26 日，毛泽东在给彭德怀的电报中指出："为了打落敌人的这种自信心以达最后大围歼的目的，似宜每次作战野心不要太大，只要求我军每一个军在一次作战中，歼灭美、英、土（耳其）军一个整营，至多两个整营，也就够了。现在我第一线有八个军，每个军歼敌一个整营，

---

① 王焰主编：《彭德怀年谱》，人民出版社 1998 年版，第 479—480 页。
② 王焰主编：《彭德怀年谱》，人民出版社 1998 年版，第 480 页。
③ 军事科学院军事历史研究部：《抗美援朝战争史》第 2 卷，军事科学出版社 2000 年版，第 299 页。
④ 徐焰：《第一次较量——抗美援朝战争的历史回顾与反思》，中国广播电视出版社 1998 年增订版，第 81 页。

共有八个整营，这就给敌以很大的打击了。假如每次每军能歼敌两个整营，共有十六个整营，那对敌人打击就更大了。如果这样做办不到，则还是要求每次每军只歼敌一个整营为适宜。这就是说，打美、英军和打伪军不同。打伪军可以实行战略或战役的大包围，打美、英军则在几个月内还不要实行这种大包围，只实行战术的小包围，即每军每次只精心选择敌军一个营或略多一点为对象而全部地包围歼灭之。"① 这也就是此后毛泽东提出的"零敲牛皮糖"的作战原则。

后勤不足是砥平里之战中反映出的突出问题。加强志愿军后勤建设已成为提高志愿军作战能力的关键。② 根据中央军委的决定，1951 年 6 月，在东北军区后勤部前方后勤指挥所的基础上成立了志愿军后方勤务司令部，志愿军副司令员洪学智兼任司令员，周纯全任政委，张明远任副司令员。这为加强后勤工作的组织领导、提高后勤保障水平奠定了很好的基础，从而使志愿军后勤成为一个与作战指挥体制相一致的、有相当保障力和战斗力的组织体系，能够在保障中进行战斗，在战斗中组织保障。不但后勤分部、兵站、仓库、医院、装备维修机构、辎重部队、护路部队、防空部队有了进一步的充实和健全，而且各军后勤力量的正规化建设也得到很大加强，普遍组建和加强了适应战争需要的担架团、运输团、3 — 4 个医院（或医疗所）。到 1951 年秋天，志愿军后勤司令部下属部队达 22 万人，配备各类汽车 8400 辆，到 1952 年 6 月达到 10323 辆，配属各军的运输车辆均超过 150 辆以上。运输能力的提高，使得志愿军后勤供应有了好转，1952 年、1953 年已能充分地保证战役、战斗的需要，并且改善了部队的生活。

在砥平里之战中，炮兵火力不足是难以打破美军防御的关键因素。加强

① 《毛泽东文集》第六卷，人民出版社 1999 年版，第 172 页。
② 杨得志：《为了和平》，长征出版社 1987 年版，第 48 页。

192

炮兵建设，成为志愿军增强作战能力的重要方面。"到 1952 年 9 月，志愿军主要武器同 1951 年 7 月相比，均有明显增加。山炮、野炮、榴弹炮总计从 1141 门增加到 1493 门，其中野炮从 388 门增加到 507 门，榴弹炮从 347 门增加到 578 门，山炮数量基本无变化。另高射机枪从 2291 挺增加到 2462 挺（到 1952 年 6 月），高射炮从 805 门增加到 988 门，火箭筒从 752 具增加到 3028 具（到 1952 年 6 月），轻迫击炮从 4717 门增加到 4899 门（到 1952 年 6 月），重迫击炮从 208 门增加到 241 门（到 1952 年 6 月），无坐力炮从 443 门增加到 1030 门，火箭炮从 73 门增加到 162 门。"[1] 1950 年，志愿军仅有 7 个地面炮兵师入朝参战。到 1953 年，已有 17 个地面炮兵师参战，火炮数量由运动战后期的 6000 余门增至 1.5 万门。苏联制 122 毫米榴弹炮和美国制 105 毫米榴弹炮取代 75 毫米火炮，成为志愿军炮兵的主战装备。前线防御阵地上的火炮密度（含迫击炮），达到每公里正面 8—14 门，与"联合国军"的差距已经缩小。在参战炮兵数量不断增加、质量不断提高的同时，志愿军炮兵的指挥协同水平也有了很大进步。在入朝参战初期，步炮协同不密切、不熟练的问题比较突出，导致炮兵支援作战不及时，有限的炮兵火力难以发挥有效作用。1951 年夏季，志愿军转入阵地防御以后，志愿军炮兵总结经验教训，强调了实行步炮协同和纵深配置的原则。1951 年 6 月 11 日，陈锡联等人联名向中央军委报告，请示在志愿军军、师两级建立炮兵指挥机构，建议："建立团以上各级部队炮兵主任（目前可建立军、师两级）及其办公机关，以求平时能领导军、师全般炮兵之装训、经常介绍炮兵情况，战时能在军、师首长意图下，统一计划指挥军、师炮兵。"[2] 在以后的作战中，志愿军炮兵能根据步兵要求，主动调整射击计划，支援步兵作战。"抗美援朝战争后期，志愿军

---

① 军事科学院军事历史研究部：《抗美援朝战争史》第 3 卷，军事科学出版社 2000 年版，第 263 页。

② 《军事历史》2010 年第 6 期，第 27 页。

的炮兵已经名副其实地成为对作战起最重要作用的'战争之神'。据美国军方统计，战争中美军的伤亡有62%是炮火所造成，32%是枪弹所造成，4%是地雷所造成。抗美援朝战争结束后，中央军委制定的陆军步兵军编制中，炮兵连的数量已经超过步兵连。至此，炮兵火力已正式取代步兵火力成为全军地面火力的骨干。"①

在砥平里作战过程中，由于通信保障手段有限而影响志愿军作战能力的发挥。在以后的建设中，志愿军不断加强通信建设，通信保障能力有了很大提高，无论是在战役保障范围，还是在及时性、可靠性上都有很大加强。1952年春，彭德怀指出："朝鲜打仗，一是打后勤，一是打通信。"② 入朝参战时，志愿军一个军仅装备几十部无线电通信机，到1953年时装备有几百部，连、排都配备有无线电通话机。"阵地有线电通信网建设，到1952年下半年从志司到各级逐步形成了有直达、迂回的有线电通信网络，每个军的有线电通信线路平均长度达2000公里以上，到1953年夏季战役时，永久性线路42000多公里。有线电干线线路都是离开交通线架设，故到战略防御阶段，团以上主要靠有线电保障指挥，敌人的'绞杀战'基本上不起什么作用。1952年4月，又推广了志司通信处自行制造的以幻象电路沟通有线电报，加强了电报通信的保密性，并提高了通信时效。"③

到1953年，尽管志愿军的武器装备与美军相比仍处于悬殊的劣势状态，但作战条件已经有了明显的改善。

志愿军作战能力的提高，在1953年7月的金城战役中得到了体现。

---

① 徐焰：《第一次较量——抗美援朝战争的历史回顾与反思》，中国广播电视出版社1998年增订版，第234页。

② 中国人民解放军历史资料丛书编审委员会：《通信兵·回忆史料》，解放军出版社1997年版，第32页。

③ 中国人民解放军历史资料丛书编审委员会：《通信兵·回忆史料》，解放军出版社1997年版，第31页。

金城战役，又叫金城以南进攻战役或金城反击战，是抗美援朝战争中中国人民志愿军于 1953 年夏季实施的第三次进攻战役，也是志愿军转入战略防御以后规模最大的一次进攻战役。

金城以南，西起牙忱里，东至北汉江，大多是易守难攻的连绵山地。山上，南朝鲜军修筑有大量的钢筋水泥地堡群、坑道工事、明暗火力点、战壕、交通壕，形成了相互支撑的环形防御体系，工事的坚固程度要远甚于砥平里美军构筑的野战工事。这里驻扎着全部美式装备的南朝鲜王牌部队首都师以及南朝鲜第 3 师、第 6 师、第 8 师。它们也是当时南朝鲜"总统"李承晚狂妄叫嚣"单独干"和"北进"，企图破坏停战的军事资本。

为打击李承晚集团，密切配合停战谈判，志愿军发起了金城战役。在战役发起前，仅 25 公里的正面上，志愿军就集中了 6 个军，加上配属的炮兵和工兵，总兵力达 24 万人；此外，有 1360 多门火炮，平均每公里进攻正面 44.4 门。敌我兵力对比为 1 3，火力对比为 1:1.7。志愿军调集 10 个汽车团，昼夜赶运作战物资和弹药，抢运各种炮弹达 10300 多吨；使用了 13 个步兵团和工兵进行工程保障，构筑了进攻出发阵地、防护工事、急造军路和桥梁，极大地提高了部队的战场生存防护力。

1953 年 7 月 13 日夜 21 时，在志愿军第 20 兵团指挥下，金城前线的 6 个军发起猛烈突击，一小时内全线突破。至 7 月 14 日黄昏，志愿军已于 21 个小时内在南朝鲜军以坑道和钢筋水泥工事为主体的坚固防御阵地内推进了 9.5 公里，创造了双方部队在阵地战阶段推进率的最高纪录。7 月 15 日和 7 月 16 日，志愿军继续进攻，最远又推进了 8 公里。经 3 天进攻，志愿军已在金城地区将战线南推了 15 公里，并消灭了南朝鲜军 4 个师的大部。"联合国军"总司令克拉克当时也承认："敌人能在任何时候集中足够的人力，在他所希望的地点与时机突破我们的防线。若是敌人准备牺牲其生命以获得一个缺口，没有一个防线能够如此坚强而不为他所攻破"。

　　这次战役，大量歼灭了敌人，拉直了金城以南的战线，形成了有利于志愿军的战场态势，迫使"联合国军"在停战协定上签字，使3年多的朝鲜战争终于停了下来。

抗美援朝战争砥平里战斗参战部队序列表

中朝联合司令部

司令员兼政治委员：彭德怀

副司令员：金雄（朝方）、邓华

副政治委员：朴一禹（朝方）

中国人民志愿军
中国人民志愿军总部

司令员兼政治委员：彭德怀

副司令员兼副政治委员：邓华

副司令员：洪学智、韩先楚

参谋长：解方

政治部主任：杜平

第 38 军（第 112 师、第 113 师、第 114 师）

第 39 军（第 115 师、第 116 师、第 117 师）

第 40 军（第 118 师、第 119 师、第 120 师）

第 42 军（第 124 师、第 125 师、第 126 师）

第 50 军（第 148 师、第 149 师、第 150 师）

第 66 军（第 196 师、第 197 师、第 198 师）

朝鲜人民军

第 1 军团（第 8 师、第 47 师、第 17 师、第 19 师）

第 2 军团（第 2 师、第 9 师、第 27 师、第 31 旅）

第 3 军团（第 1 师、第 3 师、第 15 师）

第 5 军团（第 6 师、第 7 师、第 10 师、第 12 师、第 43 师）

"联合国军"地面部队

"联合国军"总司令：道格拉斯·麦克阿瑟

美第 8 集团军司令：马修·邦克·李奇微

美第 1 军（美第 3 师、美第 25 师、英第 29 旅、土耳其旅、南朝鲜第 1 师）

美第 9 军（美骑兵第 1 师、美第 24 师、英第 27 旅、南朝鲜第 6 师）

美第 10 军（美陆战第 1 师、美第 2 师、美第 7 师、南朝鲜第 5 师、南朝鲜第 8 师、美空降第 187 团）

南朝鲜第 1 军团（第 9 师、首都师、第 11 师）

南朝鲜第 3 军团（第 3 师、第 7 师）

责任编辑:侯　春
版式设计:徐　晖
责任校对:史　伟

图书在版编目(CIP)数据

抗美援朝分水岭:砥平里战记/邵志勇 著. -北京:人民出版社,2013.10
　(2021.1 重印)
ISBN 978－7－01－012393－6

Ⅰ.①抗…　Ⅱ.①邵…　Ⅲ.①抗美援朝战争战役战斗-研究
　Ⅳ.①E297.5

中国版本图书馆 CIP 数据核字(2013)第 178212 号

抗美援朝分水岭:砥平里战记
KANGMEIYUANCHAO FENSHUILING DIPINGLI ZHANJI

邵志勇　著

人民出版社 出版发行
(100706　北京市东城区隆福寺街 99 号)

北京汇林印务有限公司印刷　新华书店经销

2013 年 10 月第 1 版　2021 年 1 月北京第 3 次印刷
开本:710 毫米×1000 毫米 1/16　印张:13
字数:210 千字　印数:8,001-11,000 册

ISBN 978－7－01－012393－6　定价:49.00 元

邮购地址 100706　北京市东城区隆福寺街 99 号
人民东方图书销售中心　电话 (010)65250042　65289539